MACH MIT!

IDEEN ZUR GESUNDEN ERNÄHRUNG IN DER KITA

Britta Bartoldus · Ilka Röhling

MACH MIT!

IDEEN ZUR GESUNDEN ERNÄHRUNG IN DER KITA

Kaufmann

INHALT

ZU DIESEM BUCH

Um Kinder für eine gesunde Ernährung zu begeistern, gibt es viele Möglichkeiten. Mit originellen Ideen und den richtigen Strategien lassen sich die Kleinen jedoch am besten überzeugen.
Die wichtigste Voraussetzung für ein gesundes Ernährungsverhalten ist ein gutes Vorbild. Dazu gehören die Eltern, aber auch die Kindertageseinrichtung. Gestalten Sie die gemeinsamen Mahlzeiten möglichst ohne Ablenkungen. So erleben die Kinder, dass essen gesellig ist und Spaß macht. Der Gesundheitswert rückt in den Hintergrund.

Den Kindern besondere Kinderlebensmittel anzubieten, ist zudem alles andere als empfehlenswert. Am günstigsten ist es, wenn Erwachsene und Kinder das Gleiche essen. Wenn all die Erwachsenen im Leben eines Kindes z. B. Vollkornbrot und Vollkornnudeln essen, wird dies kein Kind infrage stellen und diese zumindest probieren. Falls sich herausstellen sollte, dass es dem Kind gar nicht schmeckt, sollten die Erwachsenen diese Ablehnung aber auch akzeptieren.

Kinder unterscheiden Lebensmittel nicht in „gesund" und „ungesund", sondern in „schmeckt" und „schmeckt nicht". Kleben Sie also bitte keine Plakate mit gesunden und ungesunden Lebensmitteln. So würde manchen Kindern eventuell bildhaft gemacht, dass gesund nicht schmeckt, was zur Ablehnung dieser Lebensmittel führen könnte.

In den letzten Jahren scheint die Ernährungskompetenz in den Familien und damit auch bei den Kindern zurückzugehen. Viele Kinder können Obst- und Gemüsesorten nicht mehr benennen. Auch der sichere Umgang in der Zubereitung von Mahlzeiten zeigt bei den Kindern immer häufiger Defizite auf. Dieses Buch bietet Ihnen praktische Anregungen, um das Interesse der Kinder für eine gesunde Ernährung zu wecken, mit ihnen Lebensmittel kennenzulernen und neue Rezepte auszuprobieren. Dabei können Sie selbst entscheiden, welche Bausteine für die Kinder in Ihrer Einrichtung gerade passend sind. Sie können diese in einem Ernährungsprojekt zusammenstellen oder regelmäßig einzelne Angebote mit den Kindern durchführen.

Bei allen Angeboten gilt: Lassen Sie die Kinder so viel wie möglich selbst machen und geben Sie Ihnen nur so viel Hilfe, wie nötig! Die eigene Erfahrung im Umgang mit Lebensmitteln ist dabei zentral, denn Kinder lernen am besten durch ihr eigenes Handeln. Und ganz wichtig ist natürlich, dass der Spaß für die Kinder im Vordergrund steht.

WIE STEHT ES UM DIE ERNÄHRUNG VON KINDERN?

EINLEITUNG

Eine ausgewogene Ernährung ist von besonderer Bedeutung für die Gesundheit von Kindern. Kinder benötigen einen höheren Nährstoffbedarf (pro Kilogramm Körpergewicht) als Erwachsene. Um diesen Nährstoffbedarf zu stillen, sind Kinder auf die Erwachsenen in ihrem Umfeld angewiesen. In der Kindheit geprägte Ernährungsgewohnheiten können sich zudem bis ins Erwachsenenalter fortsetzen und langfristig für eine gesunde Entwicklung sorgen.
Ernährungsempfehlungen für Kinder existieren in unterschiedlichen Formen. Dafür bietet das Forschungsinstitut für Kinderernährung (FKE) in Dortmund Tabellen für die optimierte Mischkost an. In diesen Tabellen gibt es quantitative Angaben zur Lebensmittelmenge. Die optimiX-Empfehlungen unterscheiden drei Gruppen von Lebensmitteln, die entweder reichlich, mäßig oder nur sparsam verzehrt werden sollten:

- Zur ersten Gruppe, bei der man großzügig zugreifen darf, zählen kalorienfreie oder -arme Getränke sowie pflanzliche Lebensmittel wie Obst, Gemüse, Getreideprodukte, Reis, Nudeln und Kartoffeln.
- Nahrungsmittel der zweiten Gruppe, die nur mäßig verzehrt werden sollten, umfassen Milch und Milchprodukte, Fleisch und Wurst, Eier sowie Fisch. Diese liefern zwar wichtige Nährstoffe, führen aber bei übermäßigem Konsum gleichzeitig zu einer hohen Aufnahme von ungünstigen Bestandteilen wie etwa gesättigten Fettsäuren in Wurst- und Fleischwaren.
- Zur dritten Gruppe gehören die Lebensmittel, die nur zum sparsamen Verzehr geeignet sind, wie Öle, Margarine und Butter sowie Süßigkeiten, Knabbergebäck und Limonaden.

Laut einer Studie des Robert Koch-Instituts zum Thema „Ernährung bei Kindern" weichen die Ernährungsempfehlungen teilweise stark von den Empfehlungen ab:

Getränke

Kinder mit 1 bis 3 Jahren sollten ca. 600–700 ml am Tag trinken, zwischen 4 und 6 Jahren etwa 800 ml. Dabei sind kalorienarme oder -freie Getränkearten zu bevorzugen. Etwa die Hälfte der 3- bis 11-Jährigen trinkt weniger als empfohlen.

Brot, Getreide, Getreideprodukte und Kartoffeln
Empfohlen sind bei den 1–3-Jährigen 80 bis 120 Gramm Getreideprodukte wie Brot und Brötchen am Tag und 80 bis 100 Gramm Kartoffeln, Nudel oder Reis.
Bei den 4–6-Jährigen beläuft sich die Menge auf etwa 170 Gramm Getreideprodukte wie Brot und Brötchen und 120 Gramm Kartoffeln, Nudeln und Reis am Tag.
Viele Kinder essen zu wenig von den wünschenswerten Kohlenhydratlieferanten Brot, Getreide, Getreideprodukte und Kartoffeln.

Obst und Gemüse
Obst und Gemüse sollten selbstverständlich reichlich verzehrt werden. Hier gilt die Regel „5 am Tag“ – drei Portionen Gemüse und zwei Portionen Obst. Eine Portion entspricht dabei jeweils einer Hand voll.
Die meisten Kinder essen jedoch zu wenig Obst und Gemüse. Deutlich weniger als ein Drittel der Kinder nimmt die empfohlenen Mengen zu sich. Dabei essen Mädchen mehr Obst und Gemüse als Jungen.

Milch und Milchprodukte
Kinder benötigen eine gute Versorgung mit Milch und Milchprodukten. Empfohlen wird für die 1–3-Jährigen 300–330 Gramm am Tag. Die 4-6 jährigen Kinder sollten 350 Gramm Milchprodukte und Milch am Tag zu sich nehmen.
Die Hälfte der Mädchen und Jungen nimmt weniger Milch und Milchprodukte zu sich als empfohlen. Dabei erreichen Jungen etwas häufiger die Empfehlung als Mädchen.
Milchprodukte sind derzeit nach Wurstwaren die zweitbedeutendste Fettquelle bei jüngeren Kindern.

Fleisch und Wurst
30–35 Gramm Fleisch und Wurstwaren sollen Kinder zwischen 1 und 3 Jahren am Tag zu sich nehmen. 4-6 jährige Kinder 45 Gramm am Tag.
Die Kinder essen allerdings deutlich mehr Fleisch und Wurst, als empfohlen wird. Mehr als zwei Drittel der Kinder überschreiten die empfohlenen Mengen. Jungen essen deutlich mehr Fleisch und Wurst als Mädchen, dennoch überschreiten auch viele Mädchen die empfohlenen Mengen.

Fisch
50–70 Gramm Fisch pro Woche ist die Empfehlung bei den 1–3 jährigen Kindern. Die 4–6-Jährigen sollten 100 Gramm pro Woche essen. Aufgrund des hohen An-

teils der zu bevorzugenden ungesättigten Fettsäuren sollten ein bis zwei Portionen Fisch pro Woche auf dem Speiseplan stehen.

Fette wie Margarine, Öl und Butter
Mit Fetten sollte sparsam umgegangen werden. Die Empfehlung liegt bei 15 Gramm am Tag für 1-jährige, 20 Gramm pro Tag bei den 2–3-jährigen und 25 Gramm am Tag bei den 4–6-jährigen Kindern.

Süßwaren, Knabberartikel und Limonaden
Aus dieser Lebensmittelgruppe sollen Kinder maximal 10 % ihrer täglichen Energiemenge verzehren. Für alle Kinder gilt daher weniger als 50 Gramm pro Tag an Süßigkeiten, Kuchen etc. zu konsumieren. Auch Marmeladen und Zucker sollten sehr sparsam gegessen werden. Daher liegt die Empfehlung gerade mal bei maximal 10 Gramm pro Tag.
Mehr als 80 % aller Kinder überschreiten diese empfohlenen Grenzen.

Wir sehen, dass die Empfehlungen und die tatsächliche Umsetzung stark voneinander abweichen, doch was kann dagegen unternommen werden? Wichtig ist es, die Elternkompetenz in Ernährungsfragen von Anfang an zu stärken. Es wäre wünschenswert, dass Familienhebammen das Thema „Stillen und Ernährung" in ihre Arbeit einbeziehen. Ebenso wären Institutionen wie die Kindertagespflege und -einrichtungen gute Ansprechpartner, da sie von vielen Familien besucht werden.
Idealerweise würden diese Einrichtungen auch ein Angebot bereitstellen, das den Empfehlungen der Deutschen Gesellschaft für Ernährung entspricht. Pädagogische Fachkräfte und Eltern müssen aktiv in das Thema „Ernährung" einbezogen werden, um Erfolg zu haben.

ÜBERGEWICHT UND ADIPOSITAS

Etwa jedes siebte Kind in Deutschland ist übergewichtig oder sogar adipös. Das zeigt eine Studie zur Gesundheit von Kindern und Jugendlichen, die das Robert Koch-Institut veröffentlicht hat. Demnach sind 15,4 % der Mädchen und Jungen im Alter zwischen drei und 17 Jahren übergewichtig.

Zu den Risikofaktoren, als Kind übergewichtig oder adipös zu werden, zählen:

- elterliches Übergewicht
- hohes Geburtsgewicht
- wenig Schlaf
- wenig körperliche Aktivität
- lange Zeiten vor Computer oder Fernseher
- Rauchen der Mutter während der Schwangerschaft
- zu kalorienreiche Ernährung
- psychische Faktoren

Die Folgen von Übergewicht und Adipositas können für die betroffenen Kinder schwere gesundheitliche Folgen haben. Schon bei Kindern lassen sich erhöhte Cholesterinwerte, erhöhte Blutzuckerwerte und ein erhöhter Blutdruck feststellen.

Eltern als Vorbilder

Kinder sind wortwörtlich geborene Nachahmer und Eltern sind, ob ihnen das immer bewusst ist oder nicht, Vorbilder ihrer Kinder. Durch das Vorleben der Eltern lernen Kinder Verhalten, Einstellungen und Gefühle kennen – und das ganz nebenbei. Das Vorleben gesunder Verhaltensweisen ist sogar wichtiger als gezielte Erziehungsmaßnahmen oder wortreiche Erklärungen. Genau darin liegt eine große Chance für entspannte und erfolgreiche Erziehung.

GEMÜSEMUFFEL UND CO.

Ein gutes Modell, um sich klarzumachen, welche Aufgaben die einzelnen Akteure bei den Mahlzeiten haben, ist das **Angebots- und Entscheidungsmodell**. Das Modell bietet eine notwendige Grundlage für einen gesunden und entspannten Ess-Alltag. Dabei ist die persönliche Entscheidungsfähigkeit ganz zentral zu sehen und bei den Kindern zu unterstützen. Prävention bedeutet hier, Entscheidungsfähigkeit bei den Kindern aufzubauen und zu schulen.

Die derzeitigen Rahmenbedingungen im Ernährungsbereich zeigen ein Überangebot – sehr viele unterschiedliche und sehr komplizierte Regeln konkurrieren miteinander. Das erfordert ein hohes Maß an Unterscheidungsfähigkeit und Körperwahrnehmung. Hinzu kommt, dass in Zeiten des Überflusses Essen zu vielen Anlässen ge- oder missbraucht wird und es so zu Störungen im natürlichen Hunger-Sättigungs-Mechanismus kommen kann.

Dabei wird aus vielen unterschiedlichen Motiven heraus gegessen: Essen aus Langeweile, Frust, Gewohnheit oder als Belohnung sind nur einige Beispiele hierfür.
Für eine gesunde Ernährung und gesunde Essgewohnheiten bedeutet das, dass aufgrund der getroffenen Entscheidungen Zufriedenheit und Gesundheit überwiegen und kleinere Störungen vorkommen dürfen. Dabei ist das Angebots- und Entscheidungsmodell ein grundlegendes Instrument, das sowohl die Entscheidungsfähigkeit schult als auch eine sinnvolle Eigenständigkeit der Kinder, Eltern und pädagogischen Fachkräfte ermöglicht.

DAS ANGEBOT / DIE AUFGABE DER GROSSEN

Eltern und pädagogische Fachkräfte entscheiden:

- **Was:** Welche Nahrungsmittel werden dem Kind angeboten?
- **Wann:** Zu welchen Zeitpunkten bieten Sie dem Kind das Essen an?
- **Wie:** Mit welchen Regeln und Bedingungen bieten Sie dem Kind das Essen an?

Ihre Erwachsenenrolle steht damit fest und könnte folgendermaßen umgesetzt werden:
Was: Die Erwachsenen stellen das Ess-Angebot zusammen und wählen aus:

- Was gibt es zu Essen? Dabei verwenden Sie Ihre Kenntnisse über gesunde Ernährung.

- Sie stellen ein einfaches vollwertiges Angebot zusammen, das dem „Ess-Etat" und den Alltagsbedingungen (Zeit, Ausstattung etc.) entspricht.
- Das Essen wird zubereitet.

Wann: Die Erwachsenen legen fest: Wie oft und zu welchem Zeitpunkt wird welches Essen angeboten?

Wie: Die Erwachsenen sorgen für die Einhaltung der Verhaltensregeln.

- Wenn das Kind noch nicht allein essen kann, wird ihm Hilfe angeboten. Dabei ist es wichtig, dass das Kind so viel Hilfe wie nötig, aber so wenig wie möglich bekommt.
- Die Eltern und pädagogischen Fachkräfte gestalten eine angenehme Ess-Atmosphäre.
- Die Eltern und pädagogischen Fachkräfte versuchen selbst, ein gutes Vorbild zu sein, und sorgen für den eigenen entspannten Ess-Genuss.
- Die Erwachsenen überlassen dem Kind seine Ess-Entscheidungen und bieten dabei ihre Erfahrungen und Einstellungen als Hilfestellung an.

DIE ENTSCHEIDUNG / DIE AUFGABE DER KLEINEN

Spielregeln für sinnvolle Ess-Entscheidungen

Das Kind entscheidet,

- ob es etwas von dem Angebot isst.
- was es von dem Angebot isst.
- wie viel es von dem Angebot isst.

Das Kind muss dabei folgende Fragen für sich beantworten:

- Nehme ich das Angebot an oder nicht?
- Was wähle ich aus von dem Angebot?
- Wie viel möchte ich von den gewählten Lebensmitteln essen?

Das ist die Position und Aufgabe des Kindes.
Eltern und Erzieher können dies im Alltag folgendermaßen umsetzen:

Ob:

- Das Kind kommt zu den Mahlzeiten an den Tisch.
- Es sieht die Speisen, die angeboten werden.
- Es entscheidet, ob es etwas von dem Essangebot annehmen möchte.
- Es befolgt beim Essen die festgelegten Regeln.

Was:

- Es wählt aus, welches angebotene Nahrungsmittel es essen möchte.
- Je nach Alter darf es mitentscheiden, was angeboten wird.

Wie viel:

- Es bestimmt selbstständig die Menge der ausgewählten Lebensmittel.
- Je nach Alter wird das Kind dabei unterstützt, die passenden Mengen auszuwählen.
- Es beendet sein Essen, wenn es satt ist oder seiner Meinung nach genug gegessen hat.

SPIELREGELN IM ESSALLTAG

Problematisches Essverhalten des Kindes	Reaktionsmöglichkeit der Erwachsenen
Das Kind bleibt nicht auf seinem Platz sitzen. Es steht immer wieder auf und läuft herum.	Sie bitten das Kind ein- bis zweimal zurück auf den Stuhl mit den Worten: „Beim Essen bleib bitte sitzen." Bei der dritten Aufforderung beenden Sie die Mahlzeit.
Das Kind verweigert die Mahlzeit und verlangt Minuten später heftig – vielleicht sogar mit einem Trotzanfall – nach einer Süßigkeit.	Bleiben Sie ruhig, verweisen Sie auf die festgelegten Ess- und Naschregeln.
Der Tisch ist gedeckt. Das Kind sieht die Speisen und nörgelt: „Das esse ich nicht! Ich will was anderes!"	Eine mögliche Antwort: „Du musst nichts essen. Bleib bei mir sitzen, bis ich zu Ende gegessen habe. Du kannst … (festgelegte Alternative) essen."
Das Kind mäkelt: „Iiiii, das ist eklig! Bääh, das schmeckt nicht …"	Eine Antwort: „Du brauchst das nicht zu essen: Du kannst mir freundlich sagen, wenn du es nicht magst, denn ich (oder der Koch/die Köchin) habe/hat mir/sich beim Kochen Mühe gegeben."
Das Kind matscht und spielt mit dem Essen rum. Es isst dabei nichts.	Sie bitten das Kind zweimal zu essen, dann sagen Sie „Nein" und räumen ab.
Das Kind mault am Esstisch und will ständig etwas anderes.	Sie bleiben ruhig und antworten: „Auf dem Tisch gibt es genug Auswahl. Wenn du keinen Hunger hast, musst du nichts essen."
Das Kind isst nichts vom Hauptgericht und will nur den Nachtisch haben.	Es leistet Ihnen Gesellschaft bis zum Nachtisch und bekommt seine Portion. Danach muss es bis zur nächsten Mahlzeit warten.
Das Kind benimmt sich nicht am Esstisch. Es meckert, schreit und wirft mit Essen.	Sie sagen ruhig „Nein" und beenden die Mahlzeit. Das Kind bekommt eine „Auszeit".

WIRKUNGEN DES ANGEBOTS- UND ENTSCHEIDUNGSMODELLS

Das Angebot (Erwachsene) = Entscheidungsfähigkeit fördern

Wahrnehmungs- und Kommunikationsfähigkeiten im Bereich Ernährungsverhalten	Beispiel
1. Essbedürfnisse wahrnehmen und äußern	Essenswünsche der Kinder erfragen und nach Möglichkeit berücksichtigen.
2. Gefühle rund um das Essgeschehen wahrnehmen und äußern	Gefühle und emotionale Belastungen sollen nicht mit Essen befriedigt werden (Frustessen, Essen als Belohnung)
3. Grenzen setzen und akzeptieren	Hunger und Sättigung akzeptieren. Dabei bekommt das Kind seinen Nachtisch, auch wenn es die Hauptmahlzeit nicht gegessen oder nicht aufgegessen hat. Nehmen Sie eine klare Süßigkeiteneinteilung vor.
4. Konflikte im Essalltag gemeinsam und kreativ lösen	Vereinbaren Sie einfache und umsetzbare Ernährungsregeln mit den Kindern. Schließen Sie dabei auch Kompromisse.
5. Gemeinsamkeiten vereinbaren und erleben	Gemeinsames Kochen mit den Kindern oder Feste gemeinsam feiern

WAS ESSEN WIR ÜBERHAUPT?

In diesem Kapitel werden kleine Experimente und Impulse vorgestellt, bei denen die Kinder etwas über die Lebensmittelgruppen erfahren. Dabei stehen das Ausprobieren, Schmecken und Erleben der Lebensmittel im Vordergrund. Ganz nebenbei und spielerisch erfahren die Kinder dabei auch etwas über die Zusammensetzung einiger Lebensmittel und erweitern ihr Wissen.

ANTEILE WÜRFELZUCKER

Alter ab 4 Jahren

Anzahl der Kinder 2–10 Kinder

Das lernen die Kinder In vielen Lebensmitteln, besonders in Lebensmitteln für Kinder, ist häufig (zu) viel Zucker enthalten. Mit diesem Angebot wird der Zuckeranteil in den Lebenmitteln visualisiert. Auch wenn man den Zucker nicht sehen kann, ist er im Lebensmittel versteckt.

Das brauchen Sie

- **eine Packung Würfelzucker**
- **Verpackungen unterschiedlicher Lebensmittel**
- **Tabelle mit der Anzahl der Würfelzuckerstücke (siehe Anhang)**
- **großer Tisch**

VORBEREITUNG

Spülen Sie die Verpackungen der unterschiedlichen Lebensmittel gut durch. Anschließend stellen Sie diese auf einen großen Tisch.

DURCHFÜHRUNG

Treffen Sie sich mit den Kindern vor dem Tisch mit den Verpackungen. Fragen Sie die Kinder, in welchem Lebensmittel sich Zucker befindet. Können sie sich vorstellen, wie viel Zucker sich in dem jeweiligen Lebensmittel versteckt?
Anschließend legen die Kinder so viele Stück Würfelzucker neben die Verpackung, wie sie denken, dass diese enthalten.
Gehen Sie mit den Kindern die unterschiedlichen Verpackungen gemeinsam der Reihe nach durch und korrigieren Sie die Anzahl der Würfelzuckerstücke.

TIPP Ein Stück Würfelzucker wiegt 3 Gramm. Sie können auf der Verpackung entsprechend die Anzahl der Würfelzuckerstücke selbst berechnen.

GANZE UND HALBE FRÜCHTE

Alter ab 3 Jahren

Anzahl der Kinder 1–4 Kinder

Das lernen die Kinder Viele Kinder können die unterschiedlichen Obstsorten heutzutage nicht mehr benennen. Hier lernen die Kinder unterschiedliche Obstsorten kennen und erfahren, wie diese innen aussehen.

Das brauchen Sie

- **Karten mit ganzen und halben Früchten**
- **Ggf. Kamera, Drucker, Laminiergerät**

VORBEREITUNG

Fotografieren Sie mit den Kindern ganze und in der Mitte halbierte Früchte. Anschließend drucken Sie die Bilder und laminieren sie, um sie länger haltbar zu machen.
Alternativ können Sie die benötigten Bilder natürlich auch aus dem Internet herunterladen, ausdrucken und laminieren.

DURCHFÜHRUNG

Legen Sie die Karten von den ganzen Früchten vor sich aus. Fragen Sie die Kinder, wie die Früchte heißen. Anschließend legen Sie die Karten mit den halben Früchten aus. Fragen Sie die Kinder, welche Karten wohl zusammengehören.

ALTERNATIVEN

Wenn die Kinder die Früchte und die halben Früchte schon gut kennen, können Sie die Karten auch für ein Memory-Spiel nutzen.

Die Kinder bringen unterschiedliche Obstsorten mit und Sie teilen diese gemeinsam in der Mitte. Können die Kinder die aufgeschnittenen Obstsorten den Karten zuordnen?

SAFTGEHALT

Alter ab 4 Jahren

Anzahl der Kinder 2–6 Kinder

Das lernen die Kinder Die Kinder lernen den Unterschied zwischen Fruchtsaft, Fruchtnektar und Fruchtsaftgetränken sowie den damit verbundenen Saftgehalt kennen.

Das brauchen Sie

- **2 Flaschen mit Fruchtsaft**
- **1 Flasche Fruchtnektar**
- **1 Flasche Fruchtsaftgetränk**
- **Wasser**
- **Zucker**
- **Messbecher**
- **3 leere 0,5-Liter-Flaschen**
- **pro Kind ein Glas**

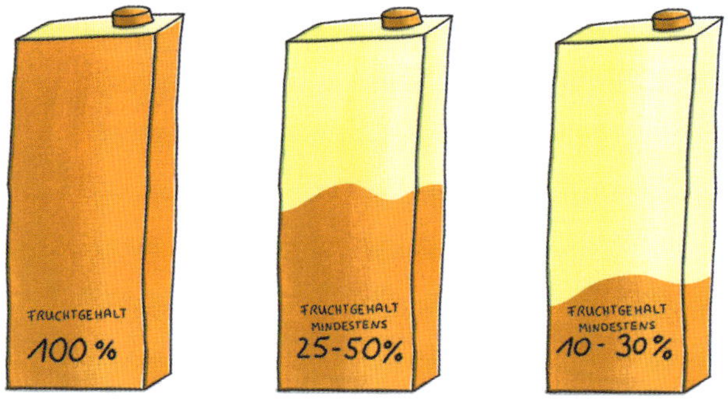

VORBEREITUNG

Stellen Sie das benötigte Material bereit.

DURCHFÜHRUNG

Zeigen Sie den Kindern die drei Flaschen mit dem Fruchtsaft, dem Nektar und dem Fruchtsaftgetränk. Fragen Sie die Kinder, ob sie den Unterschied kennen.

Schütten Sie mit einem Kind in eine leere Flasche 500 ml Fruchtsaft.
In die zweite Flasche 250 ml Fruchtsaft und 250 ml Wasser.
In die dritte Flasche 100 ml Fruchtsaft und 400 ml Wasser.
Lassen Sie die Kinder jeweils von den Getränken probieren.

Erklären Sie den Kindern, dass in Fruchtsaft nur der gepresste Saft drin ist. Bei der zweiten Flasche haben Sie mit den Kindern Fruchtnektar hergestellt. Und bei der dritten Flasche ein Fruchtsaftgetränk. Damit alle drei ähnlich süß schmecken, wurde zusätzlich in den Nektar und in das Fruchtsaftgetränk noch Zucker hinzugefügt.

TIPP Beschriften Sie die Flaschen und stellen Sie diese für die Eltern sichtbar in den Flur. Viele Eltern kennen den Unterschied zwischen Fruchtsaft, Nektar und Fruchtsaftgetränk nicht.

Hintergrundwissen

Als **Fruchtsaft** dürfen nur Getränke bezeichnet werden, die einen Fruchtgehalt von 100 % aufweisen. Zudem enthalten Fruchtsäfte keinen zugesetzten Zucker, sondern nur den natürlichen Fruchtzucker der gepressten Früchte.
Fruchtnektar haben mindestens 25 bis 50 % Fruchtgehalt. Anders als bei Fruchtsäften darf bei Fruchtnektaren zusätzlich mit Zucker gesüßt werden.
Fruchtsaftgetränke haben mindestens 10 bis 30 % Fruchtgehalt. Damit haben manche Fruchtsaftgetränke einen Fruchtgehalt von gerade einmal 10 % verglichen mit Fruchtsäften. Außerdem dürfen Zucker, Aromen und Zusatzstoffe hinzugefügt werden.

SAMEN & KÖRNER ZUORDNEN

Alter ab 4 Jahren

Anzahl der Kinder 2–6 Kinder

Das lernen die Kinder Welche Samen und Körner gibt es eigentlich und wie sehen diese aus?

Das brauchen Sie

- **jeweils 20 g Weizen, Roggen, Gerste, Hafer, Reis, Mais, Hirse**
- **ein kleines Glasschälchen pro Getreidesorte**
- **Bildkarten zu den Getreidesorten**
- **Ggf. Kamera, Drucker, Laminiergerät**

VORBEREITUNG

Fotografieren Sie mit den Kindern die verschiedenen Getreidesorten oder laden Sie Bilder aus dem Internet herunter. Anschließend drucken Sie die Bilder aus und laminieren sie, um sie länger haltbar zu machen.

DURCHFÜHRUNG

Stellen Sie die Glasschälchen mit den unterschiedlichen Getreidesorten für die Kinder gut sichtbar hin. Fragen Sie die Kinder, ob Sie wissen, was es für Getreidesorten sind?
Legen Sie die Getreidekarten neben die Schälchen. Lassen Sie die Kinder die Getreidekarten den Glasschälchen mit den Getreidesorten zuordnen. Lassen Sie die Kinder ruhig auch mal einzelne Körner probieren.

TIPP Kleinste Mengen der unterschiedlichen Getreidesorten bekommen Sie gut in einem Unverpackt-Laden.

WASSER FÜHLEN

Alter ab 3 Jahren

Anzahl der Kinder 2–8 Kinder

Das lernen die Kinder Wasser ist für uns Menschen wichtig. Bereits nach wenigen Tagen würden wir ohne Wasser verdursten. Wie fühlt sich Wasser aber eigentlich genau an?

Das brauchen Sie

- **5 Eimer (mind. 10 Liter)**
- **Wasser**
- **Wasserkocher**
- **Thermometer**
- **Mineralwasser**
- **Sand oder Erde**
- **Handtücher**

VORBEREITUNG

Kochen Sie zwei Liter Wasser auf. Füllen Sie das Wasser in einen Eimer und füllen Sie den Rest des Eimers mit kaltem Leitungswasser auf, bis eine Temperatur von ca. 38 Grad erreicht ist. Den zweiten Eimer füllen Sie mit kaltem Leitungswasser. Den dritten Eimer mit Leitungswasser und Eiswürfeln. Den vierten Eimer mit 2 Litern Mineralwasser und füllen Sie den Rest des Eimers mit Leitungswasser auf. Den fünften Eimer füllen Sie mit Matschwasser, indem Sie dem Leitungswasser Sand oder Erde hinzufügen.
Stellen Sie nun die Eimer bereit.

DURCHFÜHRUNG

Treffen Sie sich mit den Kindern und zeigen Sie ihnen die Eimer. Gehen Sie mit den Kindern von Eimer zu Eimer und fragen Sie sie, was sich wohl in den Eimern befindet. Anschließend dürfen die Kinder ihre Arme in die Eimer tauchen. Fragen Sie die Kinder, wie sich das Wasser anfühlt.

Wenn die Kinder alle Eimer getestet haben, waschen Sie ihre Arme ab und trocknen sie ab. Treffen Sie sich noch einmal mit den Kindern und fragen Sie, ob sie einen Unterschied feststellen konnten. In welchem Eimer befand sich das warme Wasser, das kalte Wasser, das eisige Wasser, das Sprudelwasser und das Matschwasser?

TIPP Lassen Sie die Kinder in der gleichen Reihenfolge das Wasser in den Eimern fühlen, damit nicht am Ende alle Eimer mit Matschwasser gefüllt sind.

BROT BACKEN

Alter ab 3 Jahren

Anzahl der Kinder 2–6 Kinder

Das lernen die Kinder Brot gehört zu unseren Grundnahrungsmitteln. Doch aus was besteht Brot eigentlich?

Das brauchen Sie

- 500 g Weizenmehl oder feines Dinkelmehl
- etwas Mehl zusätzlich
- 2 gestrichene Teelöffel Salz
- 1 Päckchen Trockenhefe
- 250 ml lauwarmes Wasser
- etwas Margarine
- 1 Backpinsel
- eine große Rührschüssel
- einen Rührbesen
- einen Mixer mit Knethaken
- eine Kuchenspringform
- ein sauberes Geschirrtuch
- Backofen
- Ofenrost

VORBEREITUNG

Stellen Sie die benötigten Materialien bereit.

DURCHFÜHRUNG

Treffen Sie sich mit den Kindern in der Küche. Zeigen Sie den Kindern die Zutaten und die Küchenutensilien, die benötigt werden. Fragen Sie die Kinder, was daraus entstehen könnte.

Geben Sie mit den Kindern alle festen Zutaten – Mehl, Salz und Trockenhefe – in die Rührschüssel und vermischen alles gründlich, damit sich die kleinen Perlen der Trockenhefe im gesamten Mehl gleichmäßig verteilen.
Nun fügen Sie das lauwarme Wasser hinzu und kneten den Teig mit dem Mixer so lange durch, bis er sich vom Rand der Rührschüssel löst.
Anschließend benötigt der Teig mindestens 15 Minuten Ruhe an einem warmen Ort, damit er „aufgehen" kann. Dazu decken Sie die Schüssel am besten mit einem sauberen und trockenen Geschirrtuch ab.

In der Zwischenzeit können Sie die Kuchenform mithilfe des Backpinsels einfetten und mit Mehl bestäuben. Der Backofen wird auf 200 Grad/175 Grad Umluft vorgeheizt.

Nach der Ruhezeit sollte der Teig deutlich größer sein. Jetzt bestäuben Sie den Teig mit ein wenig Mehl und kneten ihn mit der Hand noch einmal durch. Dazu halten Sie mit einer Hand die Schüssel fest und „schlagen" den Teig mehrmals vom Schüsselrand zur Schüsselmitte um und formen so eine Teigkugel. Die Teigkugel legen Sie in die vorbereitete Springform und stellen diese auf den Ofenrost in den Backofen.
Nach ca. 25 Minuten ist das Brot fertig. Sie nehmen das Brot vorsichtig mit der Form aus dem Backofen. Wenn Sie nun mit den Fingerknöcheln auf das Brot klopfen, sollte es hohl klingen. Aber Vorsicht, das Brot ist heiß!

Falls der Teig noch nicht richtig „aufgegangen" ist, benötigt er eine längere Ruhezeit und vielleicht einen wärmeren Ort.

TIPP Das noch warme Brot mit den Kindern gemeinsam essen. Dabei das Brot entweder pur oder nur mit Butter essen. So können die Kinder den Geschmack des Brotes besser wahrnehmen.

KRÄUTERWÜRFEL

Alter ab 3 Jahren

Anzahl der Kinder 2–6 Kinder

Das lernen die Kinder Kräuter gehören in viele Speisen hinein, um diese zu würzen. Die Kinder lernen unterschiedliche Kräuter kennen und können daran bewusst riechen.

Das brauchen Sie

- **einige Bündel unterschiedlicher Kräuter wie z. B. Petersilie, Schnittlauch, Dill, Thymian oder Basilikum**
- **einige Schneidebretter**
- **einige kleine Messer**
- **Eiswürfelbereiter**
- **Olivenöl**

VORBEREITUNG

Stellen Sie die benötigten Materialien bereit. Fragen Sie ggf. bei den Eltern nach frischen Kräutern aus dem Garten.

DURCHFÜHRUNG

Treffen Sie sich mit den Kindern und lassen Sie jeweils ein Blatt oder einen Stängel von den frischen Kräutern herumgeben. Die Kinder dürfen an den Kräutern riechen. Erklären Sie den Kindern, dass die frischen Kräuter nicht lange genießbar sind und rasch verarbeitet werden müssen. Heute machen Sie daher gemeinsam daraus Kräuterwürfel für die Suppe oder einen Salat.

Gehen Sie mit den Kindern nach Möglichkeit in die Küche. Waschen Sie mit ihnen die Kräuter und tupfen Sie sie trocken.

Zeigen Sie den Kindern, wie man Kräuter hackt. Die Kinder dürfen jeweils mithilfe eines Messers die Kräuter auf ihrem Schneidebrettchen hacken. Anschließend werden die klein gehackten Kräuter in die Eiswürfelform gesteckt und mit Olivenöl aufgegossen. Zum Schluss werden die Eiswürfelbereiter in den Tiefkühler gebracht.

Schauen Sie sich mit den Kindern einen oder zwei Tage später die Ergebnisse an und bereiten sie daraus nach Möglichkeit ein kleines Gericht mit den Kindern zu.

STECKKARTOFFELN

Alter ab 2 Jahren

Anzahl der Kinder 2–6 Kinder

Das lernen die Kinder Kartoffeln gehören zu einer gesunden Ernährung dazu. Die Kinder können hier erleben, wie Kartoffeln wachsen.

Das brauchen Sie

- **3–4 Pflanzkartoffeln**
- **1 Eierkarton**
- **Gemüseerde**
- **2 kg Sand**
- **1 kg Blähton**
- **Pflanzsack**
- **1 Schippe pro Kind**

VORBEREITUNG

Im März/April stellen Sie mit den Kindern die Kartoffeln zum Vorkeimen aufrecht in einen Eierkarton auf die Fensterbank. So können die Kartoffeln viel Licht von allen Seiten bekommen. Besorgen Sie das übrige Material.

DURCHFÜHRUNG

Im April/Mai gehen Sie mit den Kindern in den Garten. Legen Sie die benötigten Materialien bereit und erklären Sie den Kindern, dass Sie heute die Kartoffeln einpflanzen und im Herbst viele Kartoffeln ernten wollen.

Füllen Sie mit den Kindern zuerst den Blähton auf den Boden des Pflanzsacks. Mischen Sie den Sand und die Gemüseerde in einem Verhältnis 3 : 1. Anschließend füllen Sie bis zu 15 cm unter dem Rand die Mischung aus Gemüseerde und Sand auf. Legen Sie die vier Kartoffeln mit Abstand voneinander in die Erde und bedecken Sie die Kartoffeln leicht. Anschließend gründlich angießen und gleichmäßig feucht halten. Achten Sie auf eine gute Wasserversorgung, aber vermeiden Sie Staunässe. Füllen Sie nach etwa 14 Tagen noch einmal die Erde um ca. 10 cm auf. Nach etwa 100 Tagen sind die Kartoffeln erntereif.

SCHOKOLADENREISE

Alter ab 4 Jahren

Anzahl der Kinder 2–15 Kinder

Das lernen die Kinder Genießen ist ein wichtiger und schöner Bestandteil der Nahrungsaufnahme. Mit der Schokoladenmeditation lernen die Kinder ganz bewusst, einen Geschmack wahrzunehmen und dabei zur Ruhe zu kommen.

Das brauchen Sie

- **zwei kleine Stückchen Schokolade pro Kind**
- **eine Serviette pro Kind**
- **Geschichte „Schokoladenmeditation für Kinder"**

VORBEREITUNG

Lesen Sie sich die Geschichte „Schokoladenmeditation für Kinder" gut durch. Legen Sie die benötigte Schokolade bereit. Schaffen Sie eine angenehme Atmosphäre.

DURCHFÜHRUNG

Setzen Sie sich mit den Kindern in einen Kreis. Erklären Sie den Kindern, dass Schokolade in kleinen Maßen in Ordnung ist und nicht verboten werden muss. Erklären Sie den Kindern, dass Sie jetzt eine Schokoladenmeditation machen und sie genau hinhören sollen. Verteilen Sie an jedes Kind zwei Stückchen Schokolade. Die Kinder legen die Schokolade vor sich hin.
Lesen Sie die Geschichte vor. Fragen Sie die Kinder anschließend, wie ihnen die Schokolade geschmeckt hat und ob der Geschmack intensiver war als sonst.

Geschichte „Schokoladenmeditation für Kinder"

Wähle dir ein kleines Stück deiner Lieblingsschokolade aus und mach es dir ganz gemütlich.

Heute machen wir einen Ausflug ins Schokoladenland. Setze dich bequem hin und lege die zwei kleinen Stückchen Schokolade vor dir auf der Serviette ab. Schließe deine Augen und komme zur Ruhe.

Öffne deine Augen wieder und schaue dir ein Stückchen Schokolade ganz genau an. Welche Farbe(n) kannst du erkennen? Sind Muster oder Buchstaben auf der Schokolade eingeprägt? Ist die Schokolade matt oder glänzend?

Nun nimm ein Stück deiner Schokolade in die Hand. Rieche an deinem Stück Schokolade. Wie riecht sie? Welcher Duft strömt in deine Nase? Kannst du durch das Riechen die Schokoladensorte erkennen?

Jetzt lecke vorsichtig mit deiner Zungenspitze an deinem Stück Schokolade. Kannst du den Geschmack deiner Schokolade schon schmecken?

Langsam breitet sich der leckere Geschmack deiner Schokolade in deinem Mund aus. Lecke noch ein paar Mal ganz vorsichtig an deinem Stück Schokolade.

Beiße jetzt ein ganz kleines Stück von deiner Schokolade ab. Lass das kleine Stück auf deiner Zunge schmelzen. Nicht kauen, sondern einfach nur auf der Zunge schmelzen lassen.

Beiße ganz kleine Stücke ab und lass die Stücke auf deiner Zunge schmelzen, bis du das ganze Stück Schokolade ganz langsam aufgegessen hast.

Wie fühlt sich der Geschmack der Schokolade in deinem Mund an?

Das zweite Stück Schokolade darfst du so essen, wie du möchtest. Du darfst es kauen oder auch langsam essen.

TIPP Nehmen Sie eine Schokoladensorte, die schon einzelne Stücke in der Tafel hat, so muss die Schokolade nicht noch gebrochen werden und die Kinder können sich leichter ein Stück nehmen.

FRISCHER PFEFFERMINZ-ZITRONENMELISSE-TEE

Alter ab 3 Jahren

Anzahl der Kinder 2–6 Kinder

Das lernen die Kinder Viele Kinder kennen nur fertigen Tee. Doch wie entsteht eigentlich ein Tee? Die Kinder lernen, dass aus Kräutern der Geschmack an das Wasser abgegeben wird.

Das brauchen Sie

- **frische Pfefferminzblätter**
- **frische Zitronenmelisseblätter**
- **nach Wunsch: Honig**
- **Wasserkocher**
- **Wasser**
- **Teekanne**
- **Teebeutel/Tee-Ei**
- **1 Tasse pro Kind**

VORBEREITUNG

Besorgen Sie die benötigten Materialien und stellen Sie diese bereit.

DURCHFÜHRUNG

Pflücken Sie gemeinsam mit den Kindern frische Zitronenmelisse- und Pfefferminzblätter. Für einen Liter Tee benötigen Sie zwei Hände voll Blätter der Zitronenmelisse und eine Handvoll Pfefferminzblätter.

Waschen Sie die Blätter unter kaltem Wasser ab. Legen Sie die Blätter in einen Teebeutel oder ein Tee-Ei und hängen Sie diesen in die Teekanne. Übergießen Sie den Teebeutel mit mindestens 70 °C heißem Wasser. Lassen Sie den Tee 10 Minuten ziehen.

Schütten Sie den frischen Tee in die Tassen der Kinder. Achten Sie darauf, dass der Tee nicht zu heiß ist. Nach Belieben können die Kindern den Tee mit Honig süßen.

TIPP Lassen Sie die Kinder an den Blättern riechen. Anschließend sollen die Kinder die Blätter zwischen den Fingern reiben und noch einmal riechen.

Hintergrundwissen

Fettiges Papier reflektiert Licht schlecht, aber lässt viel Licht durch. Wenn die Kinder das Filterpapier mit dem Fettfleck in der Hand halten, erscheint der Fettfleck dunkel. Wenn die Kinder das Papier gegen das Licht halten, erscheint der Fleck deutlich heller, weil mehr Licht durch das Papier durchscheint.

FETTANTEIL BESTIMMEN

Alter ab 4 Jahren

Anzahl der Kinder 2–6 Kinder

Das lernen die Kinder In vielen Lebensmitteln ist Fett enthalten. Mit dem Auge sehen wir dieses jedoch häufig nicht. In diesem Experiment wird das Fett sichtbar gemacht.

Das brauchen Sie

- **jeweils 2 weiße Kaffeefilter pro Kind**
- **1 Schere pro Kind**
- **blaue, gelbe und rote Filzstifte**
- **3 Pipetten**
- **100 ml Wasser**
- **100 ml Milch (3,5%ige Vollmilch)**
- **100 ml Sahne**
- **3 Gläser**

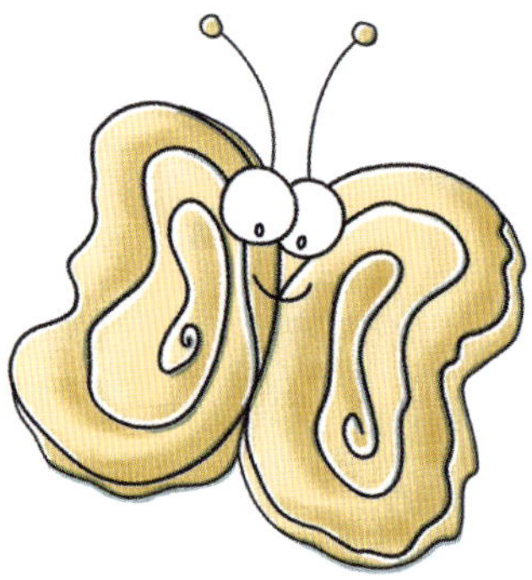

VORBEREITUNG

Stellen Sie Wasser, Milch und Sahne jeweils in einem Glas mit einer Pipette bereit. Legen Sie die benötigten Materialien für die Kinder bereit.

DURCHFÜHRUNG

Treffen Sie sich mit den Kindern im Kreis. Zeigen Sie den Kindern die drei Gläser gefüllt mit Wasser, Milch und Sahne. Fragen Sie die Kinder, was sich wohl in den Gläsern befindet. Finden wir denn Fett in den Flüssigkeiten? Erklären Sie den Kindern, dass Sie heute feststellen können, in welchen Flüssigkeiten Fett drin ist und in welchen nicht.

Die Kinder schneiden die Kaffeefilter auseinander. Anschließend werden die Kaffeefilter beschriftet. Auf den Kaffeefilter, auf den später Wasser kommt, wird ein blauer Punkt in die Ecke gemalt, auf den Kaffeefilter mit Milch ein gelber und auf den Kaffeefilter mit Sahne ein roter Punkt.

Die Kinder träufeln mit einer Pipette jeweils einen Tropfen Wasser, Milch oder Sahne auf ihre vorbereiteten Kaffeefilter. Anschließend werden die Filterpapiere zum Trocknen an die Seite gelegt.

Wenn die Filterpapiere gut durchgetrocknet sind, halten Sie mit den Kindern die getrockneten Filterpapierseiten gegen das Licht. Beschreiben und vergleichen Sie mit den Kindern die Filterpapiere. Was hat sich verändert?

PLAKATE MIT OBST UND GEMÜSE KLEBEN

Alter ab 3 Jahren

Anzahl der Kinder 2–8 Kinder

Das lernen die Kinder Die Kinder lernen die Lebensmittel in die Gruppen Obst und Gemüse zu unterteilen. Dabei entdecken sie spielerisch auch neue Obst- und Gemüsesorten.

Das brauchen Sie

- **Werbeheftchen von Supermärkten**
- **Plakate in DIN-A3 oder -A2**
- **1 Schere pro Kind**
- **Klebestifte**

VORBEREITUNG

Fragen Sie die Eltern nach den Werbeheftchen von Supermärkten oder bringen Sie welche von zu Hause mit.

DURCHFÜHRUNG

Setzen Sie sich mit den Kindern zusammen. Besprechen Sie mit ihnen, welche Obst- und Gemüsesorten sie schon kennen. Schauen Sie sich mit den Kindern die Werbeheftchen von Supermärkten an und geben ihnen diese anschließend. Die Kinder sollen nun Obst und Gemüse ausschneiden.

Treffen Sie sich erneut mit den Kindern. Legen Sie die beiden Plakate in die Mitte. Auf einem Plakat werden Gemüsesorten gesammelt. Auf dem anderen Plakat werden Obstsorten gesammelt.
Fordern Sie die Kinder auf, die ausgeschnittenen Obst- und Gemüsebilder der Gruppe zu zeigen. Die Kinder sollen ihre Bilder den Plakaten zuordnen. Wenn Sie das Bildchen richtig zugeordnet haben, dürfen die Kinder das Bild aufkleben.

PFLANZLICHE UND TIERISCHE LEBENSMITTEL

Alter ab 4 Jahren

Anzahl der Kinder 2–8 Kinder

Das lernen die Kinder Woher stammen unsere Lebensmittel ursprünglich? Sind sie angebaut worden oder waren sie mal ein lebendiges Tier? Die Kinder lernen die Lebensmittel in die Kategorien pflanzliche und tierische Lebensmittel zu unterteilen.

Das brauchen Sie

- **Bildkarten von tierischen und pflanzlichen Lebensmitteln**
- **eine Kräuterpflanze oder Ähnliches im Topf**
- **ein Schweinchen oder eine Kuh als Kuscheltier**
- **Ggf. Kamera, Drucker, Laminiergerät**

VORBEREITUNG

Fotografieren Sie mit den Kindern einige tierische und pflanzliche Lebensmittel oder laden Sie Bilder aus dem Internet herunter. Anschließend drucken Sie die Bilder aus und laminieren sie, um sie länger haltbar zu machen. Stellen Sie die Pflanze, das Kuscheltier und das Körbchen mit den Bildkarten bereit.

DURCHFÜHRUNG

Treffen Sie sich mit den Kindern im Kreis. Zeigen Sie den Kindern die Pflanze und das Kuscheltier. Erklären Sie den Kindern, dass die Pflanze für pflanzliche Lebensmittel steht und das Kuscheltier für tierische Lebensmittel. Fordern Sie die Kinder auf, der Reihe nach eine Bildkarte aus dem Körbchen zu nehmen. Anschließend darf das Kind erzählen, was es auf der Bildkarte sehen kann und die Karte nun der Pflanze als pflanzliches Lebensmittel oder dem Kuscheltier als tierisches Lebensmittel zuordnen.

OBST- UND GEMÜSEDETEKTIVE

Alter ab 3 Jahren

Anzahl der Kinder 2–10 Kinder

Das lernen die Kinder Die Kinder nehmen Obst- und Gemüsesorten ganz bewusst mit ihren Händen wahr.

Das brauchen Sie

- **feste Obst- und Gemüsesorten**
- **1 Beutel**
- **ggf. Augenbinden**

VORBEREITUNG

Legen Sie unterschiedliche Obst- und Gemüsesorten in einen Beutel.

DURCHFÜHRUNG

Treffen Sie sich mit den Kindern im Kreis. Zeigen Sie den Kindern den Beutel und fragen Sie die Kinder, was sie glauben, in dem Beutel zu finden.
Geben Sie jedem Kind eine Augenbinde. Gehen Sie mit dem Beutel reihum. Die Kinder fühlen in den Beutel und ertasten ein Obst- oder Gemüsestück. Dabei sollen die Kinder erraten, um welche Sorte es sich handelt.
Nachdem alle Obst- und Gemüsestücke von den Kindern richtig benannt wurden, teilen Sie den Raum in zwei Hälften. Die Kinder mit einem Obststück sollen sich in der einen Hälfte zusammenfinden. Die Kinder mit einem Gemüsestück auf der anderen. Stehen alle Kinder richtig?

TIPP Verarbeiten Sie anschließend mit den Kindern die Obst- und Gemüsesorten. So können die Kinder auch den Geschmack zuordnen.

SCHMEXPERIMENTE

Mit dem Kunstwort „SchmeXperimentieren“ werden Experimente mit Inhalten der Ernährungsbildung verknüpft. Dabei werden die Experimente genutzt, um wissenschaftlichen Hintergründen auf die Spur zu kommen. Dabei steht nicht nur das Experiment zum Zuschauen im Vordergrund, sondern die sinnliche Wahrnehmung der Lebensmittel sowie der anschließende gemeinsame Verzehr.

Wesentliche Merkmale der SchmeXperimente mit Kindergartenkindern sind:

Schmecken ist ausdrücklich erwünscht!
- Kein SchmeXperimentieren ohne praktische Anwendung!
- Kein SchmeXperimentieren ohne Genuss!

BROTTESTER

Alter ab 4 Jahren

Anzahl der Kinder 2–6 Kinder

Das lernen die Kinder Die Kinder lernen verschiedene Brotsorten kennen und nehmen den unterschiedlichen Geschmack bewusst wahr.

Das brauchen Sie

- **mindestens drei verschiedene Brotsorten: z. B. Weißbrot, Roggenbrot, Körnerbrot oder Schwarzbrot**
- **1 Schneidebrett**
- **1 Brotmesser**
- **Brotkörbchen entsprechend der Anzahl der Brotsorten**
- **1 Sanduhr mit 1 Minute**

VORBEREITUNG

Schneiden Sie die Brote in kleine Stücke und legen Sie diese jeweils in ein Brotkörbchen.

DURCHFÜHRUNG

Treffen Sie sich mit den Kindern und zeigen Sie ihnen die Brotkörbchen. Erkennen die Kinder, um welche Brotsorten es sich handelt?
Geben Sie den Kindern von der ersten Brotsorte ein Stückchen. Die Kinder sollen an dem Stückchen riechen und warten, bis alle ein Brotstückchen haben. Fordern Sie die Kinder auf, ihr Brotstück ganz intensiv und lange zu kauen. Drehen Sie die Sanduhr um. So verfahren Sie auch mit den anderen Brotsorten. Fragen Sie die Kinder nach jeder Runde, wie Ihnen das Brot geschmeckt hat und ob sich der Geschmack im Laufe der Zeit verändert hat.
Fragen Sie die Kinder nach allen Brotsorten. Konnten sie einen Unterschied zwischen den einzelnen Sorten erkennen? Welches Brot hat am süßesten geschmeckt?

OBST & GEMÜSE ERRATEN

Alter ab 4 Jahren

Anzahl der Kinder 2–6 Kinder

Das lernen die Kinder Die Kinder nehmen den Geschmack der Obst- und Gemüsesorten ganz bewusst wahr und können die passenden Sorten benennen.

Das brauchen Sie

- **saisonales Obst und Gemüse**
- **Schneidebrett**
- **1 Messer**
- **1 Schüssel für jede Obst- und Gemüsesorte**
- **1 Löffel für jede Schüssel**
- **1 Teelöffel für jedes Kind**
- **1 Augenbinde für jedes Kind**

VORBEREITUNG

Schneiden Sie die Obst- und Gemüsesorten in kleine Stücke und legen Sie diese jeweils in eine Schüssel. Legen Sie einen Löffel zu jeder Schüssel dazu.
Legen Sie die Augenbinde und einen Teelöffel für jedes Kind bereit.

DURCHFÜHRUNG

Treffen Sie sich mit den Kindern und zeigen Sie ihnen die Schalen mit den unterschiedlichen Obst- und Gemüsesorten. Fragen Sie die Kinder, welche Obst- und Gemüsesorten sie erkennen können.
Jetzt dürfen die Kinder sich die Augenbinde vor die Augen machen. Sie geben den Kindern auf ihren Löffel jeweils ein kleines Stück einer Obst- oder Gemüsesorte. Die Kinder sollen erraten, um welches Obst oder Gemüse es sich handelt. Anschließend können Sie auch fragen, ob es ein Obst oder ein Gemüse sei.

TIPP Lassen Sie unsichere Kinder ruhig trotz Augenbinde schummeln und sehen, welches Obst oder Gemüse ihnen gereicht wird.

SÜSS-/SAUER-TRICK

Alter ab 4 Jahren

Anzahl der Kinder 2–6 Kinder

Das lernen die Kinder Die Kinder schmecken ganz bewusst Süße heraus. Mit der Zugabe von Zitronensaft schmecken Lebensmittel weniger süß – bei gleichem Zuckergehalt.

Das brauchen Sie

- **2 Kännchen**
- **Zucker**
- **Zitronensaft**
- **1 Glas pro Kind**
- **2 Esslöffel**
- **Wasser**

VORBEREITUNG

Stellen Sie das benötigte Material bereit.

DURCHFÜHRUNG

Füllen Sie mit den Kindern Wasser in ein Kännchen und geben Sie 2 EL Zucker dazu. Lassen Sie die Kinder so lange rühren, bis er sich aufgelöst hat.
Die Hälfte des Zuckerwassers wird in das zweite Kännchen gefüllt. Hier geben Sie nun 2 EL Zitronensaft dazu.
Geben Sie jedem Kind ein Glas. Lassen Sie die Kinder zuerst das reine Zuckerwasser und dann das Zuckerwasser mit Zitrone probieren.
Fragen Sie die Kinder, welches Wasser süßer schmeckt und in welchem Wasser mehr Zucker ist.

Hintergrundwissen

Hier wird den Kindern ein klassischer Trick aus der Industrie gezeigt. Natürlich enthalten beide Sorten gleich viel Zucker, aber durch den Zusatz von Zitronensäure schmeckt das Wasser weniger süß. Aus diesem Grund wird in der Industrie den Süßwaren häufig auch Zitronensaft hinzugegeben.

DER GEIST IN DER FLASCHE

Alter ab 4 Jahren

Anzahl der Kinder 2–6 Kinder

Das lernen die Kinder Die Kinder lernen, dass es durch die Zugabe von Backpulver zu einer Reaktion kommen kann.

Das brauchen Sie

- **1 kleine Flasche**
- **1 Trichter**
- **Essig**
- **2 Luftballons**
- **1 Päckchen Backpulver**

VORBEREITUNG

Stellen Sie die benötigten Materialien bereit.

DURCHFÜHRUNG

Arrangieren Sie das Experiment so, dass alle Kinder Sie und die Flasche gut sehen können. Füllen Sie mithilfe eines Trichters das Backpulver in einen nicht aufgeblasenen Luftballon. Anschließend spülen Sie den Trichter sauber aus und trocknen ihn ab.
Dann füllen Sie 5 EL Essig in die Flasche. Ziehen Sie nun vorsichtig den Luftballon über den Rand der Flasche. Richten Sie den Ballon auf, sodass das Backpulver in die Flasche rutscht.

WAS SOLLTE PASSIEREN

Der Luftballon sollte sich wie von Geisterhand aufblähen.

Hintergrundwissen

Zwischen dem Essig und dem Backpulver gibt es eine chemische Reaktion. Dabei entsteht Kohlendioxid, das auch in der Luft enthalten ist. Dieses Kohlendioxid bläst den Ballon von innen aus der Flasche auf.

SAFTFABRIK

Alter ab 3 Jahren

Anzahl der Kinder 2–6 Kinder

Das lernen die Kinder Zuzusehen, wie aus den Obst- und Gemüsestücken Saft wird, ist für viele Kinder faszinierend.

Das brauchen Sie

- **1 Entsafter**
- **Schneidebretter**
- **Messer**
- **Schälmesser**
- **1 Saftkanne**
- **1 Glas pro Kind**

TIPP Schauen Sie sich die Bedienungsanleitung Ihres Entsafters an. Je nach Leistung des Entsafters ist es möglich, unterschiedliche Sorten von Obst und Gemüse zu entsaften. Stärkehaltige Sorten wie Bananen sollten hingegen lieber püriert werden.

REZEPT 1: KAROTTEN-ORANGEN-SAFT

Benötigte Mengen pro Kind (ein Glas pro Kind):

- **2 Karotten**
- **2 Orangen**

REZEPT 2: SAFT AUS ROTER BETE, GURKE UND APFEL

Benötigte Mengen pro Kind (ein Glas pro Kind):

- **½ Knolle Rote Bete (roh)**
- **¼ Salatgurke**
- **1 Apfel**

VORBEREITUNG

Stellen Sie die benötigten Materialien sowie das Obst und Gemüse bereit.

DURCHFÜHRUNG

Treffen Sie sich mit den Kindern und zeigen Sie Ihnen die Saftpresse. Fragen Sie die Kinder, ob Sie wissen, was man damit machen kann.
Erklären Sie den Kindern, dass sie heute zusammen einen Saft selbst machen möchten.
Schälen Sie das Obst und Gemüse. Lassen Sie die Kinder nach Möglichkeit dabei helfen.
Entsaften Sie gemeinsam mit den Kindern das Obst und Gemüse. Zum Schluss verteilen Sie den gewonnenen Saft an die Kinder und trinken ihn gemeinsam. Wie schmeckt der Saft? Können die Kinder die einzelnen Zutaten herausschmecken?

KRÄUTERDUFT-MEMORY

Alter ab 3 Jahren

Anzahl der Kinder 2–6 Kinder

Das lernen die Kinder Welche Kräuter riechen gleich? Die Kinder nehmen den Duft der unterschiedlichen Kräuter ganz bewusst wahr.

Das brauchen Sie

- **mindestens 5 verschiedene frische Kräuter**
- **mindestens 10 kleine blickdichte Dosen**
- **kleine Gartenschere oder Messer**
- **Handbohrer**

TIPP Gut geeignet sind die Hüllen der Kinder-Überraschungseier. Fragen Sie die Eltern, ob Sie diese für sie sammeln könnten.

VORBEREITUNG

Besorgen Sie die benötigten Materialien und legen Sie diese bereit. Bohren Sie mit einem Handbohrer jeweils 2–3 kleine Löcher in die Deckel.

DURCHFÜHRUNG

Schneiden Sie mit den Kindern kleine Mengen der fünf Kräuter ab. Waschen Sie die Kräuter. Lassen Sie die Kinder die Kräuter gerne probieren.
Verteilen Sie jeweils auf zwei kleine blickdichte Dosen eine Kräutersorte. So haben Sie ein Pärchen für jedes der Kräuter.
Wenn die Dosen fertig sind, können Sie mit den Kindern ein Duft-Memory spielen. Welche Kräuter riechen gleich?

TIPP Wenn die Kinder die Kräuter schon gut benennen können, nutzen Sie doch jeweils eine Dose des Kräuterduft-Memorys, um die Kinder blind Kräuter erraten zu lassen.

EIER FÄRBEN MIT NATURFARBEN

Alter ab 4 Jahren

Anzahl der Kinder 2–6 Kinder

Das lernen die Kinder Kinder lieben bunte Eier. Unterschiedliche Lebensmittel enthalten Farbstoffe, die zur Färbung genutzt werden können.

Das brauchen Sie

- **1–2 Eier pro Kind**
- **1 Eierkarton pro Kind**
- **1 Kochtopf pro Farbe**
- **farbigen Sud**
- **1 Löffel pro Kind**
- **etwas Speiseöl**
- **Küchenkrepp**

VORBEREITUNG

Stellen Sie den Sud für die gewünschten Farben her. Sieben Sie den Farbsud vorher ab. Waschen Sie die Eier gut ab und legen Sie diese bereit. Stellen Sie die übrigen Materialien bereit.

Gelbe Eier	Kurkuma	10 Gramm fein gemahlenes Kurkumapulver in einen halben Liter Wasser geben und etwa zehn Minuten lang kochen lassen.
Orangefarbene Eier	Karotten	250 Gramm möglichst klein geschnittene Karotten in einen Liter Wasser geben und 30 bis 40 Minuten köcheln lassen.
Rote Eier	Rote Bete	Drei bis vier Knollen der Roten Bete schälen und diese anschließend 30 bis 45 Minuten lang mit einen Liter Wasser zugedeckt köcheln lassen.
Grüne Eier	Spinat	300 Gramm Spinat knapp mit Wasser bedecken und 30 bis 45 Minuten lang kochen lassen.
Violette Eier	Rotkohl	Einen Rotkohl klein schneiden und mit einen Liter Wasser 30 bis 40 Minuten köcheln lassen.
Braune Eier	Kaffee	30 Gramm Kaffeepulver mit einem Liter Wasser etwa 20 bis 30 Minuten köcheln lassen.

DURCHFÜHRUNG

Die Kinder wählen die gewünschte Farbe für ihr Ei aus und kochen dieses zehn Minuten im jeweiligen Farbsud. Für eine möglichst gleichmäßige Färbung sollten die Eier vorsichtig mithilfe eines Löffels im Sud bewegt werden. Nach den 10 Minuten werden die Eier aus dem Topf genommen und getrocknet.
Zum Schluss das Ei mit ein paar Tropfen Speiseöl einreiben, damit es schön glänzt.

TIPP Mit den älteren Kindern können Sie den Farbsud gut gemeinsam herstellen. Bei den jüngeren Kindern bietet es sich an, den Farbsud vorher herzustellen oder entsprechend die jüngeren Kinder zum Schluss ihre Eier färben zu lassen.

HOLUNDERBLÜTENSIRUP

Alter ab 4 Jahren

Anzahl der Kinder 2–6 Kinder

Das lernen die Kinder Die Kinder lernen, wie aus einer Pflanze ein süßer Sirup gewonnen werden kann.

Das brauchen Sie

- **20 bis 30 Blütenrispen vom Schwarzen Holunder**
- **1 Korb**
- **1 Schere**
- **2 kg Zucker**
- **500 g Bio-Zitronen**
- **30 g Zitronensäure**
- **1,5 l Wasser**

- 2 Töpfe mit Deckel
- Herd
- Kühlschrank
- Schneidebrett
- Messer
- Sieb
- kleine Glasflaschen
- Klebeetiketten
- wasserfesten Stift

VORBEREITUNG

Sammeln Sie mit den Kindern 20–30 Blütenrispen vom Schwarzen Holunder. Brechen Sie mit den Kindern an einem sonnigen Vormittag auf und schneiden Sie nur Rispen mit gerade geöffneten, noch frisch aussehenden Blüten mit einer Schere ab. Transportieren Sie die Blütenrispen luftig locker in einem Korb.
Stellen Sie das benötigte Material bereit, damit die Blüten schnell verarbeitet werden können und nicht vorher welken.

DURCHFÜHRUNG

Schütteln Sie mit den Kindern jede Rispe vorsichtig aus, um etwaige Insekten aus den Blüten zu bekommen. Wichtig: Brausen Sie die Blüten nicht mit Wasser ab. Damit würden Sie die Pollen auswaschen, die wichtige Geschmacksträger sind.
Trennen Sie mit den Kindern die dicken Stängel an den Rispen ab, da sie bei der späteren Verwendung eine bittere Note im Sirup hinterlassen.

Fordern Sie die Kinder auf, alle Blüten in einen Topf zu legen. Waschen Sie die Zitronen, schneiden Sie sie in dünne Scheiben und geben sie diese ebenfalls hinzu.
Das Wasser wird in einem zweiten Topf zusammen mit dem Zucker und der Zitronensäure aufgekocht. Dabei müssen Sie mit den Kindern den Zucker gut rühren, bis er sich komplett gelöst hat.
Anschließend lassen Sie das Zuckerwasser wieder abkühlen. Gießen Sie dann den abgekühlten Zuckersirup über die Blüten und Zitronenscheiben und rühren Sie einmal vorsichtig um. Verschließen Sie den Topf und lassen das Ganze vier Tage im Kühlschrank ziehen. Kochen Sie die Glasflaschen einmal auf, um sie sterilisieren und trocknen Sie diese gut ab.
Nach vier Tagen wird der Sirup durch ein feines Sieb passiert. Anschließend noch einmal kurz aufkochen und in die Flaschen abfüllen.

TIPP Der Sirup ist ein schönes Geschenk für die Familien. Lassen Sie die Kinder die Klebeetiketten selbst bemalen und gestalten Sie einen kleinen Zettel mit 1–2 Rezeptideen. Diesen können Sie an die Flasche binden.

WALDMEISTER-LIMONADE

Alter ab 3 Jahren

Anzahl der Kinder 2–8 Kinder

Das lernen die Kinder Fast allen Kindern schmeckt Limonade. Doch aus was besteht Limonade und wie kann man sie selbst machen?

Das brauchen Sie

- ein Glas pro Kind
- eine Wasserkaraffe aus Glas
- Wasser
- 1 Esslöffel
- 1 Teelöffel
- Waldmeistersirup
- Zitronensaft
- Natronpulver

Hintergrundwissen

Das Natron wandelt die Säure der Zitrone in sprudelnde Kohlensäure um, sodass die Limonade schön sprudelt.

VORBEREITUNG

Stellen Sie das benötigte Material bereit.

DURCHFÜHRUNG

Füllen Sie gemeinsam mit den Kindern 1 Liter kaltes Wasser in die Karaffe. Geben sie 1–2 EL Zitronensaft und 3–4 EL Waldmeistersirup dazu. Rühren Sie dann etwa einen halben Teelöffel Natron unter. Jetzt fängt es an zu sprudeln. Anschließend schenken Sie jedem Kind ein Glas Limonade ein und lassen es sich gemeinsam schmecken.

BRAUSE-FABRIK

Alter ab 4 Jahren

Anzahl der Kinder 2–6 Kinder

Das lernen die Kinder Die Kinder lernen, warum es auf der Zunge prickelt und im Wasser blubbert.

Das brauchen Sie

- **5 TL Zitronensäure**
- **2 EL Natron**
- **6 EL Puderzucker**
- **3 EL Wackelpuddingpulver**
- **Glas mit Deckel (z. B. Marmeladenglas)**

TIPP Mit der Zitronensäure bitte sehr vorsichtig sein, da es hier zu Reizungen der Schleimhäute kommen kann.

VORBEREITUNG

Stellen Sie die benötigten Materialien bereit.

DURCHFÜHRUNG

Füllen Sie die Zutaten in ein Glas mit Deckel. Vermischen Sie das Ganze gut.
Schließen Sie das Glas und schütteln Sie alles noch einmal kräftig durch.
Lassen Sie das Brausepulver nach der Herstellung mindestens 10 Minuten stehen.

Geben Sie den Kindern etwas Brausepulver auf einem kleinen Teelöffel. Diesen können die Kinder in den Mund schieben und auf der Zunge zergehen lassen. Alternativ können Sie jedem Kind ein Glas mit Wasser geben und 1 TL Brausepulver zufügen.

Hintergrundwissen

Die Zitronensäure reagiert mit dem Natron. Es beginnt eine chemische Reaktion. Dadurch entsteht Kohlendioxid – das Wasser fängt an zu blubbern und auf der Zunge prickelt es.

TANZENDE FRÜCHTE

Alter ab 3 Jahren

Anzahl der Kinder 2–10 Kinder

Das lernen die Kinder Die Kinder können sehen, wie Kohlensäure agiert und wie sie Früchte zum Schweben bringen kann.

Das brauchen Sie

- **2 Gläser pro Kind**
- **1 kleiner Löffel pro Kind**
- **Johannisbeeren**
- **2 Wasserkannen**
- **Mineralwasser**
- **Leitungswasser**

VORBEREITUNG

Füllen Sie das Leitungswasser in eine Wasserkanne und das Mineralwasser in die andere Wasserkanne. Waschen Sie die Johannisbeeren und stellen Sie die Wasserkannen, die Schüssel mit den Johannisbeeren und die Löffel und Gläser für die Kinder bereit.

DURCHFÜHRUNG

Die Kinder bekommen jedes ein Glas und füllen dieses mit Leitungswasser. Geben Sie bei jedem Kind ca. 5 Johannisbeeren dazu. Fragen Sie die Kinder, was sie glauben, dass nun passieren wird?
Nun bekommen die Kinder wieder ein Glas. Diesmal füllen Sie das Mineralwasser in das Glas und geben ebenfalls ca. 5 Johannisbeeren hinzu. Die Johannisbeeren fallen ebenfalls zu Boden, steigen aber auch wieder auf. Es sieht aus, als würden die Johannisbeeren in den Gläsern tanzen.

OBST TROCKNEN

Alter ab 4 Jahren

Anzahl der Kinder 2–6 Kinder

Das lernen die Kinder Obst kann durch Trocknen länger haltbar gemacht werden.

Das brauchen Sie

- **1 Dörrautomat / alternativ: Backofen**
- **saisonales Obst**
- **Schneidebretter**
- **Schneidemesser**
- **Schälmesser**

TIPP Am einfachsten ist es, Obst mit dem Dörrautomat zu trocknen. In der Regel haben die Geräte eine Zeitschaltuhr und fertige Programme für verschiedene Trocknungsstufen. Alternativ kann man Obst auch im Backofen trocknen. Stellen Sie den Ofen dafür auf 40–50 Grad Umluft. Der Backofen sollte leicht geöffnet bleiben, damit die Feuchtigkeit raus kann. Das Obst möglichst dünn schneiden und 4–6 Stunden im Ofen trocknen lassen.

VORBEREITUNG

Lesen Sie sich die Gebrauchsanleitung des Dörrgerätes gut durch.

DURCHFÜHRUNG

Waschen Sie gemeinsam mit den Kindern das Obst gut und trocknen es ab. Schälen und entkernen Sie das Obst. Anschließend wird es in möglichst dünne Scheiben geschnitten und mit Abstand voneinander auf die Bleche des Dörrautomaten ausgelegt. Schalten Sie das Gerät ein. Jetzt heißt es warten. Beobachten Sie regelmäßig mit den Kindern den Prozess im Dörrautomat.

NÜSSE KNACKEN UND ZUORDNEN

Alter ab 3 Jahren

Anzahl der Kinder 2–6 Kinder

Das lernen die Kinder Die Kinder lernen unterschiedliche Nusssorten kennen und können die Frucht der ganzen Nusssorte zuordnen.

Das brauchen Sie

- **Nüsse (Erdnüsse, Haselnüsse, Walnüsse, Mandeln, Paranüsse)**
- **Nussknacker**
- **5 Schalen**

VORBEREITUNG

Knacken Sie von jeder Sorte eine Nuss. Legen Sie die restlichen Nüsse einer Sorte in eine Schale und die geknackten Nüsse in ein kleineres Schälchen.

HINWEIS Fragen Sie vorher bei den Eltern nach, ob eines der Kinder an einer Nussallergie leidet, bevor Sie die Aktion durchführen.

DURCHFÜHRUNG

Stellen Sie die Schalen mit den Nüssen für die Kinder gut sichtbar aus. Fragen Sie die Kinder, um welche Nüsse es sich handelt. Lassen Sie die Kinder die bereits geknackten Nüsse den Schalen zuordnen.
Anschließend können Sie mit den Kindern erst einmal eine weitere Nuss pro Sorte knacken und schauen, ob die Kinder die Nüsse richtig zugeordnet haben.
Anschließend öffnen Sie mit den Kindern weitere Nüsse, damit jedes Kind auch jede einzelne Nusssorte probieren kann.

TIPPS Kleinste Mengen von unterschiedlichen Nüssen bekommen Sie gut in einem Unverpackt-Laden.
Nutzen Sie einen Nussknacker, mit dem die Kinder die Nüsse selbstständig knacken können.

SNACKS MIT KINDERN SELBST MACHEN

Kinder helfen gerne in der Küche mit. Dabei schmecken den Kindern die selbst zubereiteten Speisen meistens besonders gut. Neben den Kompetenzen in der Zubereitung der Lebensmittel erfahren Kinder viel über unterschiedliche Lebensmittel und deren Zusammensetzung.
Lassen Sie die Kinder so viele Arbeitsschritte wie möglich selbst machen und binden Sie sie stets mit ein.

FLOCKENPRESSE

Alter ab 2 Jahren

Anzahl der Kinder 2–6 Kinder

Das lernen die Kinder Aus dem Getreidekorn wird eine Frühstücksflocke. Die Kinder lernen, wie die Flocken in ihrem Müsli entstehen.

Das brauchen Sie

- **1 Flockenpresse**
- **ganze Getreidekörner**
- **Obst nach Belieben**
- **Milch**
- **Joghurt**
- **1 Schälchen pro Kind**
- **1 Löffel pro Kind**
- **2 Schalen**
- **mehrere Schüsseln für die einzelnen Obstsorten**
- **Schneidebrett**
- **Schneidemesser**

VORBEREITUNG

Bauen Sie die Flockenpresse auf. Schneiden Sie das Obst in kleine Stücke und stellen sie diese mit der Milch und dem Joghurt bereit. Füllen Sie die ganzen Getreidekörner in eine Schüssel und stellen Sie diese neben die Flockenpresse.

DURCHFÜHRUNG

Die Kinder füllen für sich 2–3 EL ganze Körner in die Flockenpresse. Ihr Schälchen stellen sie unter die Flockenpresse. Jedes Kind darf die eigene Portion Körner quetschen. Anschließend können die Kinder ihr Müsli mit Obst, Milch und Joghurt nach Belieben zusammenstellen.

TIPP Lassen Sie die Kinder ruhig ein ganzes Korn und anschließend ein gequetschtes Korn probieren. Schmecken die Kinder einen Unterschied?

BROTGESICHTER

Alter ab 2 Jahren

Anzahl der Kinder 2–6 Kinder

Das lernen die Kinder Das Auge isst mit und auch Kindern schmeckt ein schön angerichtetes Essen besser.

Das brauchen Sie

- **1–2 Scheiben Brot pro Kind**
- **1 Teller oder Brettchen pro Kind**
- **Butter, Margarine oder Frischkäse**
- **Gemüse wie Gurken, Paprika, Cocktailtomaten, Karotten**
- **Schneidebrett**
- **Schneidemesser**
- **Schmiermesser**
- **Schälchen für die Gemüsesorten**

VORBEREITUNG

Schneiden Sie das Gemüse in kleine Scheiben oder Stücke und stellen Sie diese in einzelnen Schälchen bereit.

DURCHFÜHRUNG

Geben Sie jedem Kind einen Teller oder ein Brettchen und eine Scheibe Brot. Die Kinder können die Scheibe Brot mit Butter, Margarine oder Frischkäse bestreichen. Den jüngeren Kindern schmieren Sie das Brot. Anschließend haben die Kinder die Aufgabe, lustige Gesichter aus dem Gemüse auf ihr Brot zu legen.

TIPP Fotografieren Sie die lustigen Brotgesichter der Kinder, bevor die Brote aufgegessen werden.

MILCHSHAKES

Alter ab 3 Jahren

Anzahl der Kinder 2–8 Kinder

Das lernen die Kinder Die Kinder lernen die Zusammensetzung eines Milchshakes kennen.

Das brauchen Sie

- **1 Liter Milch**
- **500 g gefrorenes Obst (Erdbeeren, Himbeeren oder Waldbeeren)**
- **1 Päckchen Vanillezucker oder Agavendicksaft**
- **1 Glas pro Kind**
- **1 hohe Schüssel**
- **1 Pürierstab**

VORBEREITUNG

Stellen Sie die benötigten Materialien bereit.

DURCHFÜHRUNG

Geben Sie die Milch und die gefrorenen Früchte in eine hohe Schüssel. Pürieren Sie mit einem Kind mithilfe eines Pürierstabs die Früchte und geben Sie den Vanillezucker hinzu. Probieren Sie die Süße des Getränks und süßen Sie ggf. mit Agavendicksaft nach. Verteilen Sie den leckeren Milchshake in die Gläser der Kinder.

GURKEN-KROKODIL

Alter ab 3 Jahren

Anzahl der Kinder 4–12 Kinder

Das lernen die Kinder Essen kann auch schon in der Herstellung viel Spaß machen und das Auge erfreuen.

Das brauchen Sie

- **2 Salatgurken**
- **100 g Käsewürfel**
- **250 g Cocktailtomaten**
- **250 g kernlose Weintrauben**
- **2 kleine Mozzarellakugeln**
- **Zahnstocher**
- **Schneidemesser**
- **1 großen Teller**

VORBEREITUNG

Stellen Sie die benötigten Materialien bereit.

DURCHFÜHRUNG

Sorgen Sie zunächst dafür, dass die Gurke auf einem Teller liegt, ohne wegzurollen, indem Sie sie längs an der Unterseite etwas abschneiden. Gemeinsam mit den Kindern können Sie nun an einer der beiden Enden der Gurke einen ca. 5 cm langen Einschnitt machen. Schneiden Sie oben und unten kleine Zacken ein – das sind die Zähne des Krokodils. Lassen Sie die Kindern nun auf der Oberseite beliebig viele Zahnstocher in die Gurke stecken, bis das Krokodil mit Zahnstochern bedeckt ist. Diese Zahnstocher werden nun mit Weintrauben, Tomaten und Käse gefüllt.

Zwei Zahnstocher mit jeweils einer Mozzarella Kugel werden zum Schluss über der Schnauze als Augen angebracht. Abschließend kann das Gurken-Krokodil auf einem großen Teller serviert werden.

JOGHURT SELBST MACHEN

Alter ab 3 Jahren

Anzahl der Kinder 2–4 Kinder

Das lernen die Kinder Die Kinder lernen, wie Joghurt entsteht und aus was er sich zusammensetzt.

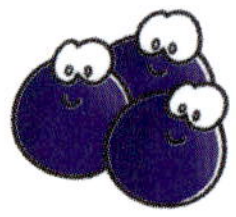

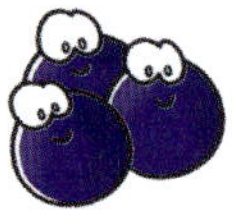

Das brauchen Sie

- **1 Joghurtbereiter oder 1 Kochtopf mit kleinen Gläsern**
- **1 Liter haltbare Vollmilch**
- **1 kleiner Joghurt (150–200 g)**
- **1 kleiner Löffel**

Tipp Fragen Sie bei den Eltern nach einem Joghurtbereiter, den sie sich ausleihen können. Alternativ kann die Milch mit dem Joghurt auf dem Herd erhitzt und in ausgespülte Gläser gefüllt werden. Diese werden dann über Nacht an einen möglichst warmen Platz gestellt. Dabei sollte die Temperatur nicht unter 30 Grad sinken.

VORBEREITUNG

Stellen Sie die benötigten Materialien bereit. Reinigen Sie die Joghurtgläser gut vor dem Gebrauch.

DURCHFÜHRUNG

Lassen Sie die Kinder in jedes Joghurtgläschen gleichmäßig viel Joghurt füllen. Nun werden die Gläschen bis zur Markierung mit der haltbaren Vollmilch aufgefüllt. Rühren Sie mit einem Löffel den Joghurt in der Milch gut durch, bis er sich aufgelöst hat. Schalten Sie das Gerät entsprechend den Angaben des Herstellers ein.

TIPP Mit frischem Obst oder Schokolinsen schmeckt den Kindern der selbst gemachte Naturjoghurt besonders gut.

KRESSE ZÜCHTEN

Alter ab 3 Jahren

Anzahl der Kinder 2–6 Kinder

Das lernen die Kinder Die Kinder lernen, wie Kräuter wachsen und wie man sich regelmäßig darum kümmern muss.

Das brauchen Sie

- **Kressesamen**
- **Kresse-Igel aus Ton**
- **Wasser**
- **Schälchen**
- **Küchenrolle oder Kaffeefilter**
- **Schere**

VORBEREITUNG

Besorgen Sie das benötigte Material und legen Sie es bereit. Legen Sie die Kressesamen einen Tag vorher in ein Schälchen mit Wasser. So können die Samen gut vorkeimen.

DURCHFÜHRUNG

Legen Sie den Igel eine halbe Stunde vorher ins Wasser, so kann sich der Ton gut vollsaugen. Legen Sie anschließend den Igel mit Küchenrolle oder einem Kaffeefilter aus. Feuchten Sie die Küchenrolle oder den Kaffeefilter gut an. Nun werden die Kressesamen gleichmäßig darauf verteilt. Ganz wichtig ist, dass die Kresse immer feucht gehalten wird. Stellen Sie den Igel am besten auf die Fensterbank, so bekommt er ausreichend Sonne.
In ungefähr fünf Tagen können Sie mit den Kindern schöne, grüne Kresse sehen und essen.

TIPP Die Kresse schmeckt besonders gut auf einem frischen Brot mit ordentlich Butter und Salz drauf.

KRÄUTERSALZ HERSTELLEN

Alter ab 4 Jahren

Anzahl der Kinder 2–6 Kinder

Das lernen die Kinder Was passiert, wenn man zwei Lebensmittel mischt? Und wie müssen Kräuter behandelt werden, um ein fertiges Produkt zu ergeben?

Das brauchen Sie

- **frische Kräuter**
- **1 Mörser pro Kind**
- **1 kleines Glas mit Deckel pro Kind**
- **grobes Meersalz**

TIPP Fragen Sie die Eltern, wer Ihnen einen Mörser leihen kann. Alternativ benutzen die Kinder den Mörser nacheinander.

VORBEREITUNG

Trocknen Sie die Kräuter bei 40 Grad im Backofen oder an der Luft. Die Blätter anschließend vom Stiel rebeln.

DURCHFÜHRUNG

Die Kinder setzen sich an den Tisch. Geben Sie jedem Kind einen Mörser. Füllen Sie in den Mörser 2 EL grobes Meersalz und 1 EL getrocknete Kräuter. Die Kinder sollen mit dem Mörser das Salz und die Kräuter so klein wie möglich machen.
Füllen Sie das fertige Kräutersalz in ein kleines Glas mit Deckel. So können die Kinder ihr eigenes Kräutersalz mit nach Hause nehmen.

TIPP Suchen Sie passend zu den verwendeten Kräutern ein oder zwei Rezepte heraus und hängen Sie diese an das Glas mit Deckel. Schon haben Sie bzw. die Kinder ein kleines Geschenk für die Eltern zur Hand.

MARMELADE EINKOCHEN

Alter ab 4 Jahren

Anzahl der Kinder 2–6 Kinder

Das lernen die Kinder Die Kinder lernen, wie Marmelade entsteht und aus was sie sich zusammensetzt.

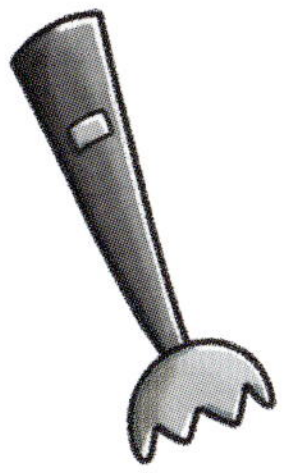

Das brauchen Sie

- **1 kg Erdbeeren (oder anderes frisches Obst)**
- **350 g Gelierzucker 3 : 1**
- **2 EL Zitronensaft**
- **Gläser mit Deckel**
- **1 hohe Schüssel**
- **Pürierstab**
- **Topf**
- **Herd**

VORBEREITUNG

Stellen Sie das benötigte Material bereit.

DURCHFÜHRUNG

Waschen und trocknen Sie die Erdbeeren gemeinsam mit den Kindern gut ab. Nun die Erdbeeren in eine hohe Schüssel geben und pürieren. Geben Sie den Zucker zu der Masse und füllen Sie alles in einen Kochtopf um. Die Masse kochen Sie 5 Minuten auf dem Herd, geben zum Schluss den Zitronensaft dazu und mischen alles gut durch.
Zum Schluss wird die Masse randvoll in die Gläser gefüllt und gut verschlossen.

TIPPS Spülen Sie die Gläser kurz vor dem Befüllen heiß aus, damit sie sauber sind und nicht platzen, wenn die heiße Marmelade hineingefüllt wird.
Wenn Sie in der Nähe ein Erdbeerfeld haben, können Sie gemeinsam mit den Kindern Erdbeeren pflücken gehen.

OBST- UND GEMÜSE-MANDALAS

Alter ab 3 Jahren

Anzahl der Kinder 2–8 Kinder

Das lernen die Kinder Die Kinder lernen unterschiedliche Obst- und Gemüsesorten kennen und können diese probieren.

Das brauchen Sie

- **saisonales Obst und Gemüse**
- **Schneidebrett**
- **Schneidemesser**
- **je 1 Schälchen pro Obst- und Gemüsesorte**
- **1 großer Teller pro Kind**

VORBEREITUNG

Schneiden Sie das Obst und Gemüse in kleine Stücke und legen Sie diese jeweils in ein Schälchen.

DURCHFÜHRUNG

Stellen Sie die Obst- und Gemüseschälchen auf einen Tisch. Geben Sie jedem Kind einen großen Teller und fordern Sie die Kinder auf, mit den unterschiedlichen Obst- und Gemüsesorten ein Mandala oder andere Muster und Formen auf ihren Teller zu legen.
Anschließend können Sie die schön gestalteten Teller der Kinder fotografieren, bevor das Obst und Gemüse gemeinsam gegessen wird.

JOGHURTEIS

Alter ab 4 Jahren

Anzahl der Kinder 2–6 Kinder

Das lernen die Kinder Kinder lieben Eis. Doch oft steckt im Eis sehr viel Zucker. So können Sie ein gesundes und leckeres Eis mit den Kindern selbst machen.

Das brauchen Sie

- **200 g Sahne**
- **350 g Vollmilchjoghurt**
- **80 g Puderzucker**
- **1 EL Zitronensaft**
- **leere Eispackung 750 ml / alternativ: Frischhaltedose**
- **2 Schüsseln**
- **1 Handrührgerät**
- **1 Löffel**

VORBEREITUNG

Stellen Sie die benötigten Zutaten und das Material bereit.

DURCHFÜHRUNG

Schlagen Sie mit einem Handrührgerät die Sahne steif. Rühren Sie in einer weiteren Schüssel den Joghurt mit dem Zitronensaft und dem Puderzucker cremig. Ziehen Sie dieser Masse die Sahne unter.
Füllen Sie die Joghurt-Sahne-Masse in eine saubere, leere Eispackung und verschließen Sie die Dose gut. Frieren Sie die Masse für mindestens sechs Stunden ein. Zwischendurch sollten Sie mehrmals mit einem Löffel durchrühren.

Mit einem Löffel oder Eisportionierer können Sie Kugeln vom Joghurteis abstechen und für die Kinder anrichten.

MÜSLIBÄLLCHEN

Alter ab 4 Jahren

Anzahl der Kinder 2–6 Kinder

Das lernen die Kinder Die Kinder lernen einen gesunden Snack kennen, der Energie liefert. Dieser kann auch zu Hause ausprobiert werden.

Das brauchen Sie

- **60 g weißes Mandelmus**
- **150 g fertige zuckerfreie Müslimischung**
- **1 reife Banane**
- **10 g Cranberries**
- **2–4 Datteln**
- **2 EL Honig**
- **1 Schale**
- **1 Schüssel**
- **Backofenrost mit Backpapier**
- **Backofen**

VORBEREITUNG

Stellen Sie die benötigten Materialien bereit. Heizen Sie den Backofen auf 180 Grad Umluft vor.

DURCHFÜHRUNG

Geben Sie das Mandelmus, die geschälte Banane, die entkernten Datteln und die Cranberries in eine Schüssel und mischen Sie alles zu einer gleichmäßigen Masse. Anschließend fügen Sie den Honig dazu.

Die fertige zuckerfreie Müslimischung geben Sie einfach in eine größere Schale und vermischen Sie jetzt mit dem Mandelmus-Bananenbrei. Wenn Ihnen die Masse noch nicht süß genug ist, fügen Sie einfach noch etwas Honig hinzu.

Aus der Müslimischung formen Sie jetzt mit den Kindern die Müslikugeln, wobei die Kugeln nicht zu groß werden sollten.

Die fertig gerollten Müslikugeln kommen auf ein mit Backpapier ausgelegtes Backgitter und für ca. 15 Minuten in den vorgeheizten Ofen.

TIPP Als Snack am Nachmittag schmecken die Müslibällchen besonders gut.

KNÄCKEBROT

Alter ab 4 Jahren

Anzahl der Kinder 2–6 Kinder

Das lernen die Kinder Aus was besteht Knäckebrot und wie wird es hergestellt?

Das brauchen Sie

- 50 g Leinsamen
- 50 g Sesam
- 40 g Kürbiskerne
- 100 g Sonnenblumenkerne
- 125 g Haferflocken
- 220 g Dinkelmehl
- 2 EL Olivenöl
- 500 ml Wasser
- 1 TL Kräutersalz
- 1 Schüssel
- 1 Löffel
- 2 Backbleche mit Backpapier
- Backofen

VORBEREITUNG

Stellen Sie das benötigte Material zusammen. Damit die Kinder gut mithelfen können, empfiehlt es sich, die Mengen vorher abzuwiegen und in kleineren Schüsseln bereitzustellen.

DURCHFÜHRUNG

Erst werden alle nicht flüssigen Lebensmittel in einer Schüssel gut gemischt. Dann das Olivenöl und das Wasser hinzugeben und gut umrühren. Die noch sehr flüssige Masse 10 Minuten stehen lassen. Anschließend legen Sie die Backbleche mit Backpapier aus und streichen die Masse dünn auf die Backbleche.

Die beiden Backbleche gehen nacheinander für jeweils 60 Minuten bei 170 Grad Ober- und Unterhitze in den Backofen. Nach 15 Minuten Backzeit schneiden Sie die Knäckebrote mithilfe eines Messers oder Pizzaschneiders in Stücke oder Streifen und schieben das Backblech die restlichen 45 Minuten in den Backofen zurück.

TIPP Mit einem leckeren Dip aus 100 Gramm Crème fraîche, 100 Gramm Joghurt und frischen Kräutern schmecken die Knäckebrote besonders gut.

APFELRINGE

Alter ab 4 Jahren

Anzahl der Kinder 2–6 Kinder

Das lernen die Kinder Die Kinder lernen einen gesunden Snack kennen, der lecker schmeckt.

Das brauchen Sie

- **2 Äpfel**
- **4 EL weißes Mandelmus**
- **2 EL Mandelblättchen**
- **2 EL Rosinen**
- **1 TL Zimt**
- **1 Löffel**
- **1 Kerngehäuseausstecher**
- **Schneidebrett**
- **Schneidemesser**
- **Backblech mit Backpapier**
- **Backofen**
- **1 Pfanne**
- **Herd**

VORBEREITUNG

Den Backofen auf 160 Grad vorheizen und die benötigten Materialien bereitstellen.

DURCHFÜHRUNG

Die Äpfel werden gewaschen und das Kerngehäuse mit dem Kerngehäuseausstecher entfernen. Anschließend schneiden Sie die Äpfel in ca. 1 cm dicke Ringe. Legen Sie die Apfelringe auf das ausgelegte Backblech. Das Mandelmus wird gleichmäßig auf den Apfelringen verteilen. Rösten Sie die Mandelblättchen in einer Pfanne 2–3 Minuten lang bei mittlerer Hitze. Dann verteilen Sie die gerösteten Mandelblättchen und die Rosinen auf den Apfelringen. Zum Schluss noch das Zimtpulver drüberstreuen und die Apfelringe für circa 10 Minuten bei 160 Grad in den Backofen schieben.

MINI-GUGELHUPF OHNE ZUCKER

Alter ab 4 Jahren

Anzahl der Kinder 2–6 Kinder

Das lernen die Kinder Im Gegensatz zu einer fertigen Backmischung können die Kinder die einzelnen Bestandteile und Arbeitsschritte gut kennenlernen.

Das brauchen Sie

- **200 g Apfelmus**
- **1 Apfel**
- **125 g Butter**
- **2 Eier**
- **2 Prisen Zimt**
- **Mark aus ¼ Vanilleschote**
- **100 g Weizenmehl**
- **200 g Dinkelmehl**
- **1 Päckchen Backpulver**
- **150 ml Milch**
- **1 Schneidebrett**
- **1 Schneidemesser**
- **1 Schälmesser**
- **Silikonform**
- **Backofenrost**
- **Backofen**
- **1 Schale**
- **1 Schüssel**
- **1 Spatel**
- **Küchenmaschine oder Pürierstab**

TIPP Silikonformen für kleine Gugelhupfe sind perfekt für den Snack und die Mini-Kuchen lassen sich gut aus der Form lösen.

VORBEREITUNG

Den Backofen auf 180 Grad vorheizen und die benötigten Materialien bereitstellen.

DURCHFÜHRUNG

Zuerst schälen und schneiden Sie den Apfel und zerkleinern diesen mithilfe eines Pürierstabs oder einer Küchenmaschine. Füllen Sie den Apfel in eine Schale um.
Lassen Sie die Kinder anschließend Butter, die Eier, den Zimt und das Vanillemark in die Schüssel geben und alles zu einer glatten Masse verrühren. Anschließend das Mehl, das Backpulver und die Milch zugeben und weiterrühren.
Die zerkleinerten Äpfel hinzugeben, mithilfe des Spatels untermischen. Die Masse in die Silikonform geben und im Backofen bei 180 Grad Umluft 25–30 Minuten backen.

MILCHREISSCHNITTEN

Alter ab 3 Jahren

Anzahl der Kinder 2–5 Kinder

Das lernen die Kinder Milchreis kann auch in fester Form sehr lecker schmecken.

Das brauchen Sie

- **500 ml Milch**
- **250 g Milchreis**
- **1 TL Zimt**
- **Kochtopf**
- **Kochlöffel**
- **Herd**
- **Auflaufform mit Backpapier**
- **Backofenrost**
- **Backofen**

VORBEREITUNG

Stellen Sie die benötigten Materialien bereit.

DURCHFÜHRUNG

Zunächst die Milch in einem Topf zum Kochen bringen. Dann den Milchreis in die Milch einrühren und auf niedriger Stufe etwa 20 Minuten köcheln lassen. Den Milchreis hin und wieder umrühren.
Nach 20 Minuten den Topf vom Herd nehmen und den Zimt unterrühren. Nun den Milchreis in eine mit Backpapier ausgelegte Auflaufform geben und auf dem Backofenrost auf mittlerer Schiene bei 170 Grad Ober- und Unterhitze ca. 20 Minuten backen.
Anschließend kurz abkühlen lassen und in Schnitten schneiden.

TIPP Die Milchreisschnitten lassen sich prima mit Obstmus essen.

OBSTFONDUE

Alter ab 4 Jahren

Anzahl der Kinder 2–6 Kinder

Das lernen die Kinder Die Kinder lernen unterschiedliche Obstsorten kennen und können diese benennen.

Das brauchen Sie

- **saisonales Obst**
- **500 g Quark**
- **200 g Joghurt**
- **Mineralwasser**
- **Zucker**
- **Schneidebrett**
- **1 Schale pro Obstsorte**
- **1 Löffel pro Obstsorte**
- **1 Teller für jedes Kind**
- **1 Gabel für jedes Kind**

VORBEREITUNG

Schneiden Sie das Obst in kleine Stücke und stellen Sie es jeweils in einer Schüssel mit einem Löffel bereit.
Aus dem Quark, dem Joghurt, einem Schuss Mineralwasser und etwas Zucker bereiten Sie gemeinsam mit den Kindern einen süßen Quark zu. Stellen Sie die Schüsseln mit dem Obst, dem süßen Quark sowie die Teller und Löffel für die Kinder bereit.

DURCHFÜHRUNG

Setzen Sie sich mit den Kindern an einen Tisch. Die Kinder sollten selbstständig an die Obst- und Quarkschüsseln kommen. Fordern Sie die Kinder auf, ein Obststück mit der Gabel aufzupiksen und in den Quark zu tauchen.

OBSTSALAT IN DER EISWAFFEL

Alter ab 4 Jahren

Anzahl der Kinder 2–6 Kinder

Das lernen die Kinder Die Kinder lernen unterschiedliche Obstsorten kennen und probieren diese in einer attraktiven Form.

Das brauchen Sie

- **saisonales Obst**
- **1 Eiswaffel pro Kind**
- **1 Schneidebrett**
- **1 Schneidemesser**
- **1 Schale pro Obstsorte**

VORBEREITUNG

Schneiden Sie das Obst in möglichst kleine Stücke und stellen Sie diese in einzelnen Schalen bereit.

DURCHFÜHRUNG

Zeigen Sie den Kindern die unterschiedlichen Obstsorten. Geben Sie jedem Kind eine Eiswaffel, die es nach Belieben mit dem klein geschnittenen Obst füllen darf. Jüngere Kinder können Sie dabei unterstützen.

EISTEE SELBST MACHEN

Alter ab 3 Jahren

Anzahl der Kinder 2–6 Kinder

Das lernen die Kinder Ein kühler Eistee schmeckt an warmen Tagen besonders lecker und muss nicht fertig aus der Flasche kommen.

Das brauchen Sie

- **Teekanne**
- **Früchtetee**
- **Eiswürfel**
- **Wasserkocher**
- **Kühlschrank**

VORBEREITUNG

Gießen Sie wie gewohnt den Früchtetee auf und lassen Sie den Tee gut durchziehen. Lassen Sie den Tee abkühlen und stellen Sie ihn in den Kühlschrank.

DURCHFÜHRUNG

Den gut gekühlten Tee können Sie noch mit frischen Minzblättern oder Eiswürfeln verfeinern und anschließend mit den Kindern genießen.

SCHMETTERLINGE AUS BLÄTTERTEIG

Alter ab 4 Jahren

Anzahl der Kinder 2–6 Kinder

Das lernen die Kinder Leider nicht ganz gesund, aber auch Genießen ist wichtig. Die Kinder lernen, wie Blätterteig im Backofen aufgeht.

Das brauchen Sie

- **2 Rollen Blätterteig**
- **1 Packung Kräuterfrischkäse (200 g)**
- **2 Backbleche mit Backpapier**
- **Backofen**
- **Schneidebrett**
- **Schneidemesser**
- **Löffel**

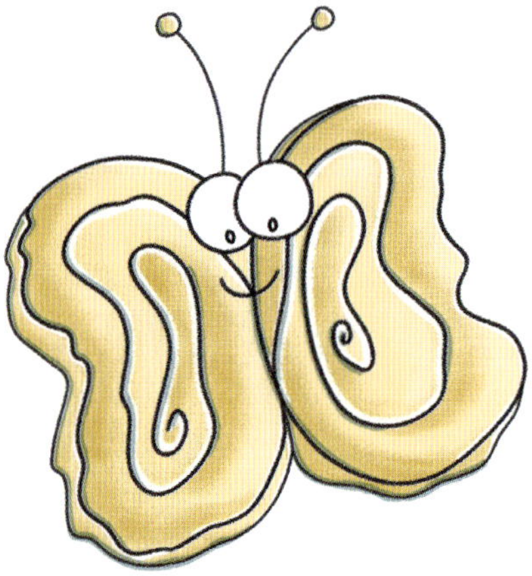

VORBEREITUNG

Heizen Sie den Backofen auf 180 Grad vor und legen Sie die benötigten Materialien bereit.

DURCHFÜHRUNG

Rollen Sie mit den Kindern den Blätterteig aus und schmieren sie pro Rolle ca. 100 Gramm Kräuterfrischkäse auf den Blätterteig. Rollen sie gemeinsam den Blätterteig wieder zu einer Rolle und schneiden Sie ca. 4 cm dicke Stücke ab. Diese werden nochmals längs eingeschnitten, sodass ein Rand von 1,5 cm bestehen bleibt. Die beiden Seiten sind nun unten miteinander verbunden. Jetzt drehen Sie die beiden Seiten jeweils um 180 Grad und legen den kleinen Schmetterling auf das Backblech. Lassen Sie genügend Abstand zwischen den Schmetterlingen, da diese im Backofen aufgehen.
Jetzt kommen die Schmetterlinge für 13–16 Minuten in den Backofen.

TIPP Besonders lecker schmecken die Schmetterlinge, wenn sie noch warm sind.

EIS SELBER MACHEN

Alter ab 3 Jahren

Anzahl der Kinder 2–6 Kinder

Das lernen die Kinder Ein leckeres und gesundes Eis kann auch schnell selbst gemacht werden.

Das brauchen Sie

- **Silikon-Eistüten**
- **1 Liter Fruchtsaft**
- **eine hohe Schüssel**
- **Tiefkühler**

VORBEREITUNG

Stellen Sie die benötigten Zutaten und das Material bereit.

DURCHFÜHRUNG

Füllen Sie mit den Kindern den Fruchtsaft in die Silikon-Eisformer. Verschließen Sie diese gut. Anschließend müssen die Eisformer für mindestens vier Stunden in den Tiefkühler.

GESUNDE ERNÄHRUNG IN BEWEGUNG

Neben gesunder Ernährung ist ausreichend Bewegung wichtig für die kindliche Entwicklung. In der Turnhalle oder in einem größeren Gruppenraum lassen sich einige Spiele umsetzen, die Bewegung und Ernährung kombinieren. Dabei geht es darum, erworbenes Wissen über Lebensmittel und Lebensmittelgruppen zu vertiefen und in Spielsituationen anzuwenden. Und Bewegung macht den meisten Kindern grundsätzlich Spaß.

EINTOPF

Alter ab 4 Jahren

Anzahl der Kinder 2–6 Kinder

Das lernen die Kinder Die Kinder lernen unterschiedliche Gemüsesorten kennen.

Das brauchen Sie

- **CD-Player**
- **CD mit Bewegungsmusik**

VORBEREITUNG

Stellen Sie den CD-Player bereit und legen Sie die CD mit Bewegungsmusik ein.

DURCHFÜHRUNG

Die Kinder laufen durch die Halle, solange die Musik läuft. Bei Musikstopp nennen Sie eine der Eintopfzutaten, dabei führen die Kinder folgende Bewegungen aus:

- *lange Porreestange:* Die Kinder stehen ganz gerade, mit eng anliegenden Armen, auf Zehenspitzen balancierend.
- *Petersilie:* Die Kinder tanzen ganz wild, mit den Armen gestikulierend, sich ständig die Haare raufend.
- *dicke Kartoffel:* Die Kinder setzen sich auf den Boden und kugeln sich.
- *Erbsen:* Die Kinder hüpfen mit geschlossenen Beinen wild durcheinander.
- *Zwiebeln:* Die Kinder drehen sich im Kreis, dabei dürfen sie laut weinen und schluchzen.

OBST FANGEN

Alter ab 4 Jahren

Anzahl der Kinder 4–12 Kinder

Das lernen die Kinder Die Kinder lernen, Obstsorten zu benennen.

Das brauchen Sie

- **2 Mannschaftsbänder**

VORBEREITUNG

Ein oder zwei Kinder werden zum Fänger bestimmt, die übrigen Kinder verteilen sich im Raum.

DURCHFÜHRUNG

Die Kinder laufen los. Wer gefangen wird, wird zum Fänger – der vorherige Fänger ist dann wieder frei und gibt sein Mannschaftsband zur Erkennung ab. Wer eine Obstsorte sagt, geht in die Hocke und kann so nicht gefangen werden. Von den anderen Kindern kann das hockende Kind nun durch Berührung an der Schulter wieder befreit werden. Es endet, wenn alle Kinder in der Hocke sitzen oder wenn keiner mehr Lust hat.

HEXENKÜCHE

Alter ab 4 Jahren

Anzahl der Kinder 4–12 Kinder

Das lernen die Kinder Die Kinder unterscheiden Lebensmittel von Nicht-Lebensmitteln. Was kann man essen?

VORBEREITUNG

Ein Kind wird zur Hexe bestimmt, die übrigen Kinder stehen auf der gegenüberliegenden Raumseite.

DURCHFÜHRUNG

Die Kinder fragen: „Hexe, Hexe was kochst du heute?“
Die Hexe antwortet z. B.: „Spaghetti!“ (oder jedes beliebige andere Gericht)
Die Kinder dürfen sich nun mit großen Schritten auf die Hexe zu bewegen. Die Anzahl der Schritte ist dabei durch die Antwort der Hexe vorgegeben. Spaghetti hat drei Silben, also dürfen die Kinder auch drei Schritte gehen.
Wer zuerst die Hexe erreicht, übernimmt deren Rolle und ist nun die neue Hexe.
Sagt die Hexe jedoch ein Gericht, das man nicht kochen kann, z. B. „Spinnenbeine“, rennen alle Kinder zurück, während die Hexe versucht sie zu fangen. Wer gefangen wurde, hilft der Hexe als Hexenschüler.

LAUFEN & MALEN

Alter ab 4 Jahren

Anzahl der Kinder 2–12 Kinder

Das lernen die Kinder Was ist besser? Gesunde oder ungesunde Lebensmittel? Spielerisch lernen die Kinder, dass sie für ungesunde Lebensmittel länger laufen müssen.

Das brauchen Sie

- **eine Kopie der Malvorlage „Laufen und malen" pro Kind (siehe Anhang)**
- **Buntstifte**
- **Markierungshütchen**

VORBEREITUNG

Kopieren Sie für jedes Kind die Malvorlage „Laufen und malen" (siehe Anhang) und stellen Sie die benötigten Materialien in der Turnhalle bereit.

DURCHFÜHRUNG

Treffen Sie sich mit den Kindern in der Turnhalle. Stellen Sie mit den Markierungshütchen eine Laufrunde auf. Geben Sie jedem Kind eine Kopie der Malvorlage. Die Kinder schreiben nach Möglichkeit ihren Namen auf ihr Blatt.
Die Kinder bekommen nun die Aufgabe, so viele Runden zu laufen, wie in den jeweiligen Lebensmitteln entsprechend angegeben ist. Dann dürfen Sie dieses Lebensmittel anmalen. Die Kinder sollten nach Möglichkeit ihr Bild fertig gemalt bekommen und entsprechend oft gelaufen sein.

MÖHREN ZIEHEN

Alter ab 3 Jahren

Anzahl der Kinder 4–12 Kinder

Das lernen die Kinder Möhren wachsen in der Erde und müssen geerntet werden.

VORBEREITUNG

Treffen Sie sich mit den Kindern im Kreis und erklären Sie das Spiel.

DURCHFÜHRUNG

Die Kinder (die Möhren) legen sich auf den Bauch und halten sich im Kreis an den Händen fest. Sie stellen die Möhren in der Erde dar, die der Bauer ernten möchte.
Sie (der Bauer) ziehen vorsichtig an den Beinen des ersten Kindes, bis dieses die Hände der Kinder rechts und links von sich loslässt. Dieses Kind wird jetzt zum Erntehelfer und zieht bei den anderen Kindern vorsichtig an den Beinen, um die Möhren ernten zu können. Das Spiel endet, wenn die letzten beiden Möhren sich gegenseitig festhalten. Diese beiden werden in der nächsten Runde die Bauern.

WAS IST EIN LEBENSMITTEL?

Alter ab 4 Jahren

Anzahl der Kinder 2–10 Kinder

Das lernen die Kinder Die Kinder lernen Lebensmittel von Nicht-Lebensmitteln zu unterscheiden.

VORBEREITUNG

Rufen Sie die Kinder zusammen und erklären Sie das Spiel.

DURCHFÜHRUNG

Setzen Sie sich mit den Kindern in einen Kreis. Nennen Sie den Kindern langsam unterschiedliche Begriffe, auch Lebensmittel. Wenn der Begriff kein Lebensmittel ist, schütteln die Kinder den Kopf. Wenn der genannte Begriff ein Lebensmittel ist, kauen die Kinder pantomimisch. Lassen Sie die Kinder anschließend Begriffe nennen.

LEBENSMITTELGRUPPEN FINDEN (MUSIKSTOPP-SPIEL)

Alter ab 4 Jahren

Anzahl der Kinder 2–12 Kinder

Das lernen die Kinder Die Kinder können die genannten Lebensmittel den Lebensmittelgruppen zuordnen.

Das brauchen Sie

- **Plakate der Lebensmittelgruppen (Getränke, Obst, Gemüse, Getreide, Milchprodukte und Süßes/Fettiges)**
- **Klebeband**
- **CD-Player**
- **CD mit Bewegungsmusik**

VORBEREITUNG

Kleben Sie die zuvor gemeinsam mit den Kindern gestalteten Plakate der Lebensmittelgruppen im Raum verteilt an die Wände auf Augenhöhe der Kinder auf.

DURCHFÜHRUNG

Die Kinder bewegen sich zur Musik durch den Raum. Beim Stoppen der Musik nennen Sie ein Lebensmittel. Die Kinder laufen so schnell wie möglich zur passenden Lebensmittelgruppe. Anschließend sagen Sie, welche Kinder richtig stehen.

TIPP Gehen Sie vor dem Spiel die Lebensmittelgruppen noch einmal mit den Kindern durch.

STILLE-OBST-POST

Alter ab 4 Jahren

Anzahl der Kinder 4–12 Kinder

Das lernen die Kinder Die Kinder hören bewusst zu und können den Begriff der Lebensmittelgruppe Obst zuordnen.

VORBEREITUNG

Die Kinder finden sich im Kreis zusammen.

DURCHFÜHRUNG

Die Kinder sitzen in einem Kreis nebeneinander. Sie flüstern dem ersten Kind leise eine Obstsorte ins Ohr. Das Kind spricht wiederum leise den verstandenen Begriff dem nächsten Kind ins Ohr. Das letzte Kind in der Reihe spricht den Begriff laut aus.
In der nächsten Runde überlegt sich eines der Kinder eine Obstsorte, die als stille Post weitergesagt wird.

ENTSPANNUNGSRÄTSEL MIT LEBENSMITTELN

Alter ab 4 Jahren

Anzahl der Kinder 2–6 Kinder

Das lernen die Kinder Die Kinder kommen zur Ruhe und können die genannten Eigenschaften einem Lebensmittel zuordnen.

Das brauchen Sie

- **1 Gymnastikmatte pro Kind**

VORBEREITUNG

Legen Sie die Gymnastikmatten kreisförmig im Raum aus.

DURCHFÜHRUNG

Die Kinder legen sich auf die Gymnastikmatten und machen es sich bequem. Fordern Sie die Kinder auf, die Augen zu schließen und ruhig zuzuhören. Lesen Sie die Entspannungsrätsel langsam vor.

Die Kinder sollen, auch wenn sie wissen, welches Lebensmittel beschrieben wird, den Begriff nicht laut sagen. Gehen Sie am Ende jedes Rätsels herum und lassen Sie sich von den Kindern den Begriff ins Ohr flüstern.

Entspannungsrätsel

Ich bin ein Obst und bin gesund.
Bin rot, gelb, grün und ziemlich rund.
Ich schmecke ganz, geschält oder auf Kuchen
und auch als Saft kannst du mich versuchen.

Apfel

Steht auf dem Acker,
hält sich wacker,
hat viele Häute
und beißt die Leute.

Zwiebel

TIPP Wenn die Kinder möchten, können sie sich nun einige kleine Rätsel selbst ausdenken und der Runde nacheinander vorsagen. Hierbei wird es dann allerdings wohl wieder etwas lebhafter zugehen.

OBSTSALAT

Alter ab 4 Jahren

Anzahl der Kinder 4–12 Kinder

Das lernen die Kinder Die Kinder kennen die genannten Obstsorten.

Das brauchen Sie

- **eine Teppichfliese oder ein Gymnastikreifen pro Kind**

VORBEREITUNG

Die Kinder finden sich im Kreis zusammen.

DURCHFÜHRUNG

Die Kinder stehen in einem Kreis auf ihren Teppichfliesen oder in ihrem Gymnastikreifen. Nennen Sie jedem Kind eine Obstsorte, die es sich gut merken soll. Pro Sorte sollte es mindestens zwei Kinder geben. Ein Kind legt die Teppichfliese oder den Gymnastikreifen beiseite und stellt sich in die Mitte. Das Kind nennt jeweils eine Obstsorte. Daraufhin müssen die Kinder mit der betroffenen Obstsorte ihre Plätze tauschen. Das Kind in der Mitte darf natürlich ebenfalls versuchen, einen Platz zu ergattern. Wer übrig bleibt, steht als nächster in der Mitte. Die Teppichfliesen oder Gymnastikreifen bleiben liegen.

VARIANTE

Statt nur die Obstsorten zu sagen, können Sie Obstsalat als weitere Option angeben. Dabei tauschen dann alle Kinder ihre Plätze.

STAFFEL-LEBENSMITTEL ZUORDNEN

Alter ab 4 Jahren

Anzahl der Kinder 4–12 Kinder

Das lernen die Kinder Die Kinder können die Lebensmittel den unterschiedlichen Lebensmittelgruppen zuordnen.

Das brauchen Sie

- **Plakate der Lebensmittelgruppen (Getränke, Obst, Gemüse, Getreide, Milchprodukte und Süßes/Fettiges) oder eine große Ernährungspyramide**
- **Klebeband**
- **mindestens 20 Lebensmittelkarten pro Gruppe**
- **2 Markierungshütchen**
- **ggf. Werbeprospekte, Buntstifte, Kamera, Drucker, Laminiergerät**

VORBEREITUNG

Basteln Sie gemeinsam mit den Kindern zuvor mindestens 20 Karten, auf denen unterschiedliche Lebensmittel abgebildet sind. Alternativ können Sie natürlich auch Bilder aus dem Internet herunterladen, ausdrucken und laminieren. Stellen Sie zwei Markierungshütchen auf einer Seite auf und legen Sie die Plakate der Lebensmittelgruppen auf dem Boden am anderen Ende des Raumes aus.

DURCHFÜHRUNG

Teilen Sie die Kinder in zwei Gruppen ein. Die Gruppen stellen sich jeweils an einem der Markierungshütchen auf. Geben Sie jeder Gruppe die gleiche Anzahl an Lebensmittelkarten. Die Kinder haben die Aufgabe, in Form eines Staffelspiels die Lebensmittelkarten zu den richtigen Plakaten der Lebensmittelgruppen zu bringen. Dabei darf immer ein Kind pro Gruppe laufen und eine Lebensmittelkarte wegbringen. An dem Hütchen wird abgeklatscht und das nächste Kind aus der Gruppe darf loslaufen. Das Spiel endet, wenn alle Lebensmittelkärtchen verteilt sind. Anschließend schauen Sie mit den Kindern gemeinsam nach, ob die Lebensmittelkarten auf den richtigen Plakaten der Lebensmittelgruppen verteilt wurden.

TIPP Kopieren Sie die Lebensmittelkarten auf zwei verschiedenfarbige Papiere. So können Sie am Ende schauen, welche Gruppe mehr Lebensmittelkarten richtig zugeordnet hat.

TISCHSPRÜCHE

Tischsprüche sind bei den Kindern sehr beliebt und von den Ritualen vor den Mahlzeiten kaum wegzudenken. Für die ganz Kleinen eignen sich kurze Sprüche am besten. Für die älteren Kinder dürfen es auch etwas längere Tischsprüche sein.

Auf ganz spielerische Art wird durch Tischsprüche die Wertschätzung gegenüber den Mahlzeiten demonstriert. Dabei fördern die Tischsprüche gleichzeitig das Gemeinschaftsgefühl. Sie sind ein schönes Ritual, um eine Mahlzeit gemeinsam zu beginnen. Bei dem gemeinsamen Essen geht es schließlich um mehr als nur darum, satt zu werden. Die Kinder lernen Essgewohnheiten, Vorlieben für Lebensmittel und eine positive Einstellung zu Essen und Trinken kennen.

PIEP, PIEP, PIEP

Piep, piep, piep – wir haben uns alle lieb.

Piep, piep, piep – recht guten Appetit.

RAUPE NIMMERSATT

Ich bin die Raupe Nimmersatt,
die immer großen Hunger hat
und wenn sie was zu essen sieht,
dann sagt sie schnell guten Appetit.

EINS, ZWEI, DREI

Eins, zwei, drei, vier, fünf, sechs, sieben –
guten Appetit, ihr Lieben.

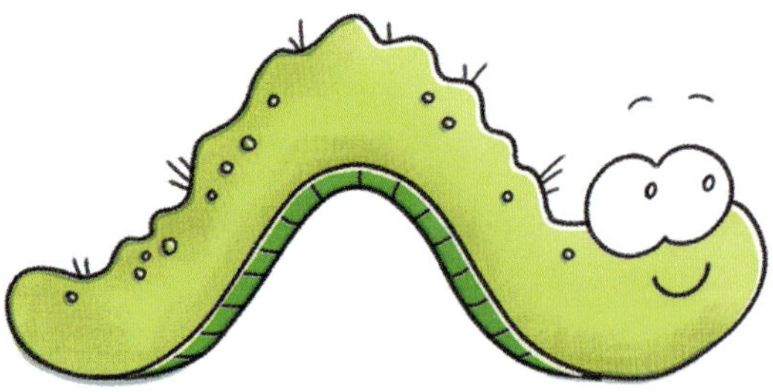

VIELE KLEINE FISCHE

Viele kleine Fische
schwimmen heut zu Tische,
reichen sich die Flossen,
dann wird kurz beschlossen,
jetzt nicht mehr zu blubbern,
stattdessen was zu futtern,
drum rufen alle mit:
guten Appetit.

ES WAR EINMAL EIN KROKODIL

Es war einmal ein Krokodil,
das fraß und fraß unheimlich viel,
es schmatzte und schmatzte,
bis es endlich platzte!

HERR IGEL

Herr Igel brachte seiner Frau
den schönsten Apfel in den Bau.
Sie will ihn nicht allein verzehren,
der Apfel soll auch ihm gehören.
Da sitzen sie nun alle beide
und knabbern am Apfel voller Freude.

HUND, KATZE UND VOGEL

Der Hund macht wau, wau,

die Katze miau,

der Vogel piep, piep,

guten Appetit!

PINGUIN

Pinguin, Pinguin, sag mir doch, wo gehst du hin.

Einen Fisch, einen Fisch hol ich mir zum Essenstisch.

Guten Appetit!

DIE GESUNDE BROTDOSE

Eine gesunde Brotdose stellt sich aus Lebensmitteln der unterschiedlichen Lebensmittelgruppen zusammen.
In einem Projekt kann man den Kindern Sterne für ihre Brotdosen geben. Dabei erhalten die Kinder pro vorhandener Lebensmittelgruppe einen Stern. Ein perfektes Frühstück stellt demnach ein 5-Sterne-Frühstück dar.
Stanzen Sie dafür aus goldenem Tonpapier Sterne aus und zählen Sie mit den Kindern die passenden Sterne ab. Diese werden dann in die (leere) Brotdose gelegt.
Da in den meisten Einrichtungen das ungesüßte Getränk zur Verfügung steht, geht kein Kind ohne Sterne nach Hause.

- ein ungesüßtes Getränk
- Eine Portion Obst
- Eine Portion Gemüse
- ein Getreideprodukt
- ein Milchprodukt

TIPPS FÜR EINE GESUNDE BROTDOSE

Damit das Pausenbrot auch mittags noch gut aussieht, sollte man es in eine stabile Pausenbrotdose packen.

Kinderaugen essen mit
Schneiden Sie das Brot in mundgerechte Stücke. Obst und Gemüse schmecken noch besser, wenn diese in fantasievolle, lustige Formen geschnitten werden.

Lassen Sie Ihr Kind zwischen zwei oder drei Möglichkeiten wählen
Wenn Kinder selbst entscheiden dürfen, schmeckt es ihnen meist besser.

Lassen Sie Ihr Kind bei der Zubereitung der Mahlzeiten helfen
Das Müsli selbst zusammengestellt, frisches Obst zum Schneiden und Milch dazugeben, das macht Spaß und schmeckt noch mal so gut!

Spannung in der Pausenbrotdose
- Schneiden Sie das Pausenbrot mal in Dreiecke oder kleine Quadrate und fädeln es auf einen Holzspiess auf.
- Oder stechen Sie mit Förmchen Brot-, Käse- oder Wurstfiguren aus.
- Als kleine Überraschung kann man dem Kind immer wieder neue Kleinigkeiten in die Dose legen:
  - kleine Müsliriegel
  - Vollkornkeks
  - Nüsse oder Studentenfutter
  - Weintrauben
  - Käsewürfel
  - Mini-Tomaten

KÄSEBROT MIT OBST- UND GEMÜSESPIESSE

Das brauchen Sie

- 2 kleine Scheiben Vollkornbrot
- 1 Scheibe Schnittkäse
- ½ Apfel
- ½ Banane
- 5 Scheiben Salatgurke
- 5 Paprikastücke
- Schneidebrett
- Küchenmesser
- 2 Holzspieße
- 1 Brotdose

ZUBEREITUNG

Belegen Sie die beiden kleinen Scheiben Vollkornbrot mit einer Scheibe Schnittkäse. Schneiden Sie den halben Apfel und die Banane in mundgerechte Stücke. Schieben Sie abwechselnd ein Stück Apfel und ein Stück Banane auf einen Holzspieß. Schneiden Sie von einer Salatgurke fünf fingerdicke Scheiben ab. Schneiden Sie aus einer Paprika fünf mundgerechte Stücke ab. Schieben Sie abwechselnd eine Scheibe der Salatgurke und ein Stück der Paprika auf einen Holzspieß. Verpacken Sie anschließend alles sicher in einer Brotdose.

APFELPORRIDGE MIT KAROTTENSTERNCHEN

Das brauchen Sie

- 30 g Haferflocken
- 150 ml Milch
- ½ kleiner Apfel
- etwas Zimt
- evtl. Zucker
- 1 Karotte
- 1 Kochtopf
- 1 Löffel
- Schneidebrett
- Küchenmesser
- 1 kleiner Plätzchenausstecher in Sternform
- 1 kleine Dose mit Deckel
- 1 Müslischüssel mit Deckel

ZUBEREITUNG

Bringen Sie die 150 ml Milch in einem Kochtopf auf dem Herd zum Kochen. Geben Sie die Haferflocken zu der Milch und lassen Sie den Brei 2–3 Minuten auf niedriger Hitze durchziehen. Währenddessen können Sie den Apfel in kleine Stücke schneiden.
Geben Sie die kleinen Apfelstückchen zu dem Brei und lassen Sie diesen nochmals bei niedriger Hitze zwei Minuten durchziehen. Je nach Geschmack können Sie das Porridge mit Zimt und evtl. Zucker abschmecken. Füllen Sie das Porridge in eine Müslischüssel und lassen Sie es abkühlen. Verschließen Sie zum Schluss die Müslischüssel gut.
Die Karotte schälen Sie und schneiden diese in fingerdicke Scheiben. Mit einem Plätzchenausstecher stanzen Sie aus den Karotten kleine Sterne aus. Legen Sie die Sterne in eine kleine, gut verschließbare Dose.

FRÜCHTEMÜSLI UND GURKENSPIESSE

Das brauchen Sie

- 30 g Früchtemüsli
- 125 ml Milch
- 10 cm einer Salatgurke
- Schneidebrett
- Küchenmesser
- 1 Holzspieß
- 1 Dose mit Deckel
- 1 Müslischüssel mit Deckel
- 1 Transportgefäß für die Milch

ZUBEREITUNG

Geben Sie das Früchtemüsli in eine Müslischüssel mit Deckel. Füllen Sie die Milch in ein geeignetes Transportgefäß. Schneiden Sie die Salatgurke in fingerdicke Scheiben und schieben Sie diese auf einen Holzspieß. Verpacken Sie den Holzspieß in einer Dose mit Deckel.

DINOBROT MIT FRISCHKÄSE

Das brauchen Sie

- 2 Scheiben Vollkorntoast
- Frischkäse
- Gemüse und Obst nach Wahl
- 1 Toaster
- 1 Brotausstecher in Dinoform
- Messer
- Küchenmesser
- Schneidebrett
- 1 Brotdose mit mehreren Fächern

ZUBEREITUNG

Toasten Sie die beiden Scheiben Vollkorntoast. Schmieren Sie auf eine Scheibe Vollkorntoast den Frischkäse. Legen Sie die zweite Scheibe auf die erste Scheibe Vollkorntoast. Nehmen Sie den Brotausstecher und stechen Sie damit aus dem Vollkorntoast die Dinosaurier aus. Schneiden Sie Obst und Gemüse nach Belieben und legen Sie alles gut sortiert in eine Brotdose mit mehreren Fächern.

JOGHURT MIT HAFERFLOCKEN UND HIMBEEREN

Das brauchen Sie

- 1 kleiner Naturjoghurt
- 30 g Haferflocken
- eine Handvoll Himbeeren
- 1 Müslischüssel mit Deckel

ZUBEREITUNG

Füllen Sie die Haferflocken und die Himbeeren in eine Müslischüssel mit Deckel und geben Sie den kleinen Naturjoghurt gut verpackt mit. Die Kinder füllen sich den Joghurt frisch zum Frühstück zu den Haferflocken und den Himbeeren.

RAUPE-NIMMERSATT-SPIESSE

Das brauchen Sie

- 10 kernlose Weintrauben
- 1 Cocktailtomate
- 2 Rosinen
- Frischkäse
- 1 Holzspieß

ZUBEREITUNG

Schieben Sie die 10 kernlosen Weintrauben und die Cocktailtomate auf einen Holzspieß. Auf die Cocktailtomate kleben Sie mithilfe von ein bisschen Frischkäse zwei Rosinen als Augen.

DINKELBRÖTCHEN MIT KRÄUTERQUARK

Das brauchen Sie

- 1 Dinkelbrötchen
- 100 g Quark
- frische Kräuter
- Salz
- Schüssel
- Brotdose
- kleine Dose mit Deckel

ZUBEREITUNG

Mischen Sie den Quark beliebig mit Kräutern und schmecken Sie ihn mit Salz ab. Legen Sie das Dinkelbrötchen in die Brotdose und geben Sie den Kräuterquark in die kleine Dose mit Deckel.

KLEINE TORTILLA-WRAPS

Das brauchen Sie

- Salz und Pfeffer
- ca. 80 g Hähnchenbrustfilet
- 60 g Frischkäse
- 1 Weizentortilla
- 2 Blätter grüner Salat
- ½ Paprika
- 20 g Kirschtomaten
- Schneidebrett
- Küchenmesser
- Streichmesser
- Brotdose

ZUBEREITUNG

Das Hähnchenbrustfilet in der Pfanne anbraten und mit Salz und Pfeffer abschmecken. Das Gemüse in kleine Stücke schneiden. Den fertigen Wrap in der Mikrowelle kurz erwärmen. Anschließend mit Frischkäse bestreichen und das klein geschnittene Gemüse und das klein geschnittene Brustfilet hinzugeben. Den Wrap gut aufrollen und in zwei gleich große Wrapstücke schneiden. Diese sicher in der Brotdose verstauen.

ENERGIEBÄLLCHEN

Das brauchen Sie

- 100 g Haferflocken
- 50 g getrocknete Cranberries
- 4 EL Erdnussbutter oder eine andere Nussbutter
- 2 EL Kokosraspeln
- 1 TL Vanilleextrakt
- 2 EL Wasser
- Backblech
- Backpapier
- 1 Schüssel
- 1 Dose mit Deckel

ZUBEREITUNG

Das Backblech mit Backpapier auslegen. Alle Zutaten in eine große Schüssel geben und gründlich vermischen. Mit Frischhaltefolie abdecken und für mindestens 30 Minuten in den Kühlschrank geben. Mit den Händen aus der Mischung kleine Bällchen formen.
Die Bällchen auf das vorbereitete Backblech legen, für weitere 30 Minuten in den Kühlschrank stellen und dann in die Dose mit Deckel geben. Bis zum Verzehr im Kühlschrank lagern.

BROT-, KÄSE- UND GEMÜSESTICKS

Das brauchen Sie

- 2 Scheiben Vollkornbrot
- Käsestücke (z. B. Gouda)
- ¼ Schlangengurke
- ¼ Paprika
- Schneidebrett
- Küchenmesser
- Holzspieße

ZUBEREITUNG

Schneiden Sie das Vollkornbrot, den Käse, die Salatgurke und die Paprika in kleine Stücke. Schieben Sie die kleinen Stücke abwechselnd auf einen Holzspieß.

LAUFEN UND MALEN

ANZAHL DER WÜRFELZUCKER-STÜCKE

Produkt	Würfelzuckerstücke
Actimel von Danone 100 ml	4 Stück
Capri- Sonne 330 ml	7 Stück
Cornflakes von Kelloggs (25 Gramm)	½ Stück
Eistee (500ml)	11 Stück
Erdbeermilch von Müller (400 ml)	16 Stück
Fanta (500 ml)	16 Stück
Fruchtzwerg von Danone (50 Gramm)	2 Stück
Frosties von Kelloggs (25 Gramm)	3 ½ Stück
Joghurette (12,5 Gramm)	2 ½ Stück
Joghurt Activia (125 Gramm)	6 Stück
Kakaogetränk (330 ml)	12 ½ Stück
Ketchup von Heinz (100 Gramm)	9 Stück
Kinderriegel/ Kinderschokolade (21 Gramm)	4 Stück
Milchschnitte von Ferrero (28 Gramm)	3 Stück
Nougat Bits von Kelloggs (45 Gramm)	5 ½ Stück
Nutella (450 Gramm)	84 Stück
Pingui von Kinder (30 Gramm)	3 ½ Stück
Rote Schorle (500 ml)	11 Stück
Prinzenrolle (100 Gramm)	14 Stück
Zimt Chips von Kellogs (35 Gramm)	3 ½ Stück